人権への視座

フランスにおける「人権と政治」論争と日本の行方

佐々木允臣
SASAKI Nobuomi

文理閣

目次

プロローグ

　筆者がフランスの政治哲学者の手になる人権論に初めて接したのは、一九八四年初冬に在外研究先の小さな本屋で偶然に見つけたルフォール著『民主主義の創出』との出会いによってである。その中の「人権と政治」という論文は長い上に難解極まりなく何度挑戦したか分からないが、ただ読む都度新鮮な驚きを覚え、それが端緒となって以来今日まで三〇年近く「人権」をテーマにした連作短編集の類を書き続けることになった。理解できた限りでの知見についてはほぼ書き尽くしたと思い、今更同じようなテーマで書き連ねる必要はなくなったつもりであったが、もう一度これまでの仕事を再整理しそのエッセンスを提示しようと試みたのは、一つはフランスでのこの三〇年間（一九八〇－二〇一〇）政治哲学の領域で極左派に対抗してきたネオ・リベラリズムが実は複雑な「二重底」の理論であるとの指摘にかなり刺激を受けたのと、対抗権力としての人権論（ルフォール）か権力の民主主義化論（カストリアーディス）かという選択肢について、人権（運動）の強化・活発化が権力への接近、さらに民主主義権力樹立への道であり、しかし反面、民主主義権力を含めての権力の歯止めでもあること、要するに人権と権力は二者択一の関係ではなく、いずれも民主主義社会・自律的社会にとっては必要な契機であるという結論を改めて強調したかったからである。

顧みて思うのは、本書で初めて取り扱ったバリバールが二〇〇年前のフランス人権宣言を読み直して平等＝自由、人間＝市民といった新しい発想を取り出したのに比し、私個人は日本国憲法に対して共時性を感じどれほどの愛着と深慮をめぐらしてきただろうか、と反省すること頻りである。たとえば、大日本帝国憲法の世襲制・特権・無責任体制よりも、構造改革路線の下で吹き込まれた自由競争や自己責任は素晴らしいフレーズである。集団に埋没しない主体的個人の特質を遺憾なく表現している。ならば、競争が競争として成り立つために必要な最小限のルール、同じスタート・ラインの設定、責任を負うためにあるいは自己の功績であることを誇るために自分の帰属する集団的な背景をすべて捨象して全くの裸の個人として公の場に登場してくる必要があるのかないのか、またそれが可能なのかどうか、残念ながらそうした問題意識は表明されても政策論を超えて『権利を真剣に捉える』（ドゥオーキン）権利論にまでは至らない議論がしばしばであったし、私自身にも良いアイデアは思い浮かばなかった。カストリアーディスの憲法への物神崇拝に陥ってはならないという警告には耳を貸しながらも、改めて現行憲法から引き出し得るし、且つ現在最も引き出すべき諸価値・ルール（たとえば「平和のうちに生存する権利」、これほど想像・

創造力を刺激するフレーズが外にあるだろうか。もちろん、その前提に一九世紀型の「恐怖」から免れる自由、二〇世紀型の「欠乏」から免れる権利が確保されていることが必要であるが）を模索すべきと考えているところである。

なお、本書は人権を国家と市民社会とを「分割」する障壁と捉えるリベラル思考と、その障壁を取り壊し「統合」を目指すラディカル思考との対比を基調にしており、反面、人権を専ら享有主体にスポットを当て増大する人権要求を「自己への配慮」のみに拘る堕落した個人主義の帰結として描いている。その意味で本書の表題を『人権への視座』としたのであるが、ただ人権が「個人の尊厳」を基礎にしており、またその個人の尊厳を実現するための人権要求が大切であることを否定するものでないことを断っておきたい。

＊本書のキー・フレーズ

一　政治形態としてのリベラル・デモクラシーとラディカル・デモクラシー
（とくに「分割」と「統合」に留意。主として第一部とインターメッツォ）

二　法的形態としての社会契約論と立憲主義
（国家の正当性と国家への懐疑に注目。主として第二部）

三　人権論としての分割の原理と統合の原理
（防御権としての人権と要求実現としての人権。全体）

第一部　分岐点としての「人権と政治」

――「分割」と「統合」――

「人権と政治」といったフレーズを見ると、人権を保障するために形成された国家と個人の関係、あるいは物理力の正当な唯一の独占者であり且つ人権侵害の最も危険な侵害者であると想定されている国家と人権との関係が思い浮かべられ、さらにそれを「国家からの自由」・「国家による自由」・「国家への自由」といったように、通常、人権の分類として細分化される。それは良いとしても、ただ「からの自由」と「による自由」との間にあるリベラルな国家像とデモクラティックな国家像との緊張関係とか、あるいは「への自由」から連想されるラディカルな国家像への展開の可能性への言及が少ないように思える。あるいはもっと現実に即してシビアに、今の政治は憲法が保障した人権、なかでも人間が文化的どころか動物としてさえ生きていけない程に弱者の権利を無視している、そんな実感を苦々しく思いつく人も多いであろう。わたし自身、そうした思いに共感するに吝かではないが、これから縷々述べるように、わが国ではやはり専ら人権を享有主体である個人の視点から眺め、個人の国家に対する態様を中心に考えられているように思わざるを得ない。一方、これから紹介しようとするフランスにおける「人権と政治」をめぐる論争ではそれとは些か異なって、人権は第一次的には近代国家のメルクマールとして了解されている。たとえば、マルクスがフランスの人権宣言について新しい政治共同体を建設することを始めたばかりの国民が利己的な人間の権利の承認を堂々と宣言したことに謎を見出したように、人権というものの理解の仕方そのものが直ちに国家像の評価に関わるものとして、すなわち人権は国家（公的領域）と市民社会（私的領域）とを分離する切り札、あるいは権力の介入し得ない領域を人権として自己承認した国家として捉えられているのである。ただ、こんな印象をもつのは、筆者の参照する文献がフランスの憲法学者のではなく、ほとんど政治哲学者のものであることに基因するのかもしれないが。

ところで、〈一九八九年〉は歴史にゴチック体で書き残される記念の年になるに違いない。長い間虐げられてきた人々の希望の星であったはずの東ヨーロッパの社会主義世界が全体主義というレッテルを貼られ、一世紀ももたないであえなく自壊し始めた年であり、対称的に西ヨーロッパではフランスで人の譲り渡すことのできない神聖な権利を高らかに謳った人権宣言二〇〇年祭が祝われた年であった。一見すると世界的規模での東西の光と影のようであるが、しかし二〇〇年祭というこの西の光の方にも込み入った事情が諸々あり、取り分けフランスにおいては社会主義圏の崩壊を見越していたかのように八九年に先だって早々に社会主義論（マルクス主義）に代わるものとしての人権論、社会主義へと向かわないための人権論が再生人権論、政治哲学の回帰といったフレーズの下で活発に論争され始めていた。その一端は、「デモクラシーの理論的基礎と恐るべき日々の悲劇であったその実践との深い溝は、まさにフュレの著作『フランス革命は終わっている』の表現通り、だいたい塞がれた」というゴーシェによる有名なフレーズの引用[1]、そこに現れているフランス革命やコミュニズムに由来する偉大な解放の理想の後退、人権の個人主義的な限界を見極めたフュレが、皮肉にも『ユダヤ人問題によせて』でのマルクスの人権批判に依拠して、今度は『論争』誌の「人権は政治ではない」というゴーシェの論文に共鳴しているところに端的に現れている[2]。それらはフランス革命は終わったという宣言であり、人権は政治的機能を果たせないように、あるいは政治に過大な負担を強いないように私的領域に閉じこめるべきという要請であった。換言すれば、フランス革命という一大「政治」事件を「恐怖政治」を含めてロシア革命と結び付け、狭いブルジョア的「人権」を乗り越え全人類の解放への道筋を付けたという通説＝マルクス主義的解釈とソルジェニーチンの『収容所群島』によって露わになったソ連の実態との対比の中で、左派勢力が強いフランスで「人権と政治」の関係という側面から革命を辿り直し再評価を試みようとしたのである。人権論争に即して端的に言えば、政治の介入すべきでない領域の再確認として人権を捉えるか、政治によって実現されるべき要求を人権として改めて主張するのか、という問題の再設定である。

(以下の＊印の文章はコメントに類するものなので、煩わしい方は飛ばして読んでもらって一向構いません。)

＊1　革命史の再解釈と再生人権論・政治哲学の回帰

学問の諸領域を横断して革命史の再解釈に取り組んだ研究者達(主としてネオ・リベラリストあるいはリベラル・デモクラシーの支持者)は、傾向として「経済面」では資本主義に親和的であり、「政治的」には国家重視の共和主義者に比べて市民社会を遥かに重視すること、「対外的」には親米的で且つアトランティストであり、「文化面」では移民として定住する多民族に対して革命理念に基づく共和主義的統合よりも多民族のそれぞれの文化を対等なものと認める多文化主義に賛同する。これらの真反対に位置するのがラディカル・デモクラシーの論者達である。ここは「人権と政治」をテーマにしているので再解釈の背景となる人権との関わりだけを少し述べておく。

奇しくも一八世紀末にほぼ同時進行したフランス革命とアメリカ革命には共通して「個人の権利の確保」という明確な革命の目標があった。にもかかわらず、絶えず両革命が比較される一つの要因はその「方法の相違」にあった。すなわち、アメリカ革命の場合は個人の領域に権力が侵入することを防ぐこと、そのために権力を制限することであった。実際、歴史的事実として、アメリカでは人権を宣言した一七七六年の独立宣言以前にイギリスと戦った権力が既に存在していたし、独立後の一七八八年に合衆国憲法が制定されてから一七九一年に初めて修正条項という方式で人権がこの憲法に付け加えられたのである。換言すれば、既に存在する権力を前にして人権条項が考えられたのである。これに対し、フランスでは旧体制を打破して権力を奪取した革命家達は個人の権利の創出と保障を新しい権力を正当化する根拠としたのである。繰り返せば、人権は権力の制限ではなく根拠とされたのである。「フランス的例外」の一つをここに見出せよう（なお、人権に関する両革命の違いについて、樋口陽一『国法学』有斐閣、二〇〇四年、一九九ページ以下参照。M. O. Padis, Marcel Gauchet-La Genese de la Democratie, Michalon, 1996, pp.63-64）。

一　「歴史の終わり」とリベラル・デモクラシー

さて、乗っ取られた航空機によるＷＴＣ撃破という驚愕の九・一一テロを以て始まった二一世紀も、やっとゼロ年代を終わり次の一〇年代を迎えることになった。わが国では、これからの課題をめぐる対抗軸として、前世紀の八〇年代に欧米の先進諸国とほぼ時期を同じくして始まったネオ・リベラリズムによる経済格差の顕著化と派生する文化資本の格差の固定化や一層の拡大の解決策等について、リベラリズムの更なる徹底か、あるいは平等を重視するデモクラシーへの軌道修正か、リベラル・デモクラシーという政治体制の中での選択が重大な争点になりつつあった。その中で二〇〇九年八月、メディアの表現によれば「歴史的な政権交代」が実現したのである。東欧社会主義国が崩壊し資本主義vs.社会主義という対抗軸が消滅した八九年以降、「リベラル・デモクラシー」以外に取って代わるような有効な選択肢はもうないという趣旨の「歴史の終わり」(ニーチェの「神は死んだ」、フーコーの「人間は死んだ」に比肩する名文句に数えられるであろう)という定式が提示された。(アメリカ型)資本主義vs.(ヨーロッパ型)資本主義という新たな対立軸が注目を浴びてきたところでのわが国の交替劇であった。確かに、二大政党制による定期的な政権交代という経験のないわが国においては政権交代という政治的事実は「歴史的」であり、リベラルからデモクラシーへと重心の移動が見られ始めたのである。しかし間もなく自公の政権復帰によってデモクラシーからリベラリズムへと元に戻ってしまう。

＊2　民主主義思想を一新する試み

リベラル・デモクラシーが現実の政治体制として支配的であるということは、反面、理論のレベルでそれに抗する多大な刺激を供することになっている。八〇年代に「政治哲学の回帰」というフレーズが流行ったこともあったが、その頃の人物も含めて近年の重要な思想家としてG・ダビッドは、自由主義から出発したロールズ、マルクス主義出身のハーバーマスおよびカストリアーディス、現象学出のアーレントとルフォールの五名を選び、来る二一世紀を睨んでの課題とそれに相応しい現代の民主主義理論を整理している。「民主主義の政治問題は〈自由で平等な市民の政治共同体の実効性のある自己統治の創出〉にある」という課題に応える「民主主義的プロジェ」の思想家という著者なりの問題意識から選択されており、あるいは異論があるかもしれない。共通の特徴点（様々な立場にありながら、著者は「共有する拒絶点」が五名に通底するという面白い表現を用いている（p.114））を整理してみよう。

まず第一に、背景にあるのは戦前戦後の全体主義と六〇年代以降の過度の個人主義の経験と認識である。そこから第二に、巨大なイデオロギーであるマルクス主義とリベラリズムに対する反発である。第三に、それらに代わるものとして、個人的・集団的「自律」という目標を「民主主義的プロジェ」の中心におく。自律を「デモスの支配」としてすべての者がすべてのものを支配すべきだとするなら、究極的には社会から切り離された国家装置の廃止が問題となるが、五名全員は必ずしもそこまでは一致せず、むしろ（分権化された）装置の存続を前提にして可能な限りの民主主義的コントロールを主張する。第四に、その際、「政治」を国家（国家権力ないし国家装置）に焦点を合わせるのではなく、もっと広い意味で政治・経済・法・文化等々を含む社会構成体全体を指すように発想している。第五に、その政治の領域を公的／公的領域（国家）、公的／私的領域（市民社会）、私的領域（親密圏）に分け、なかでも特に公的／私的領域に重要性を認める。これは公的／公的領域と私的領域に重点をおくマルクス主義とリベラリズムに対して距離を取るためである。さらにそこから、新しい社会運動への重要視と労働者階級の歴史的使命といった特権の剥奪が帰結する。参加民主主義や審議民主主義をめぐる最近の理論状況もそこに関係していよう。第六に、人権の重要度については両義的である。たとえば、ロールズやルフォールは人権を理論の中核におくが、アーレントやカストリアーディスはかなり懐疑的である。最後に第七として、マルクス主義やリベラリズムに背を向ける割には経済体制の問題をどうするかに関しては（カストリアーディスを除いて）正面から対峙したプランを見出しがたい（Cf. G. David, La Demokuratie, Editions Du Temps, 1998, pp.114-158）。

したがって、「歴史の終わり」かどうかは別にして、いずれの国を見ても今のところリベラル・

デモクラシーに取って代わる程の政治体制は見いだせていないと言えよう。そこで以下、公共領域の極小化を図るネオ・リベラリズムあるいはリベラル・デモクラシーの下で八〇年代を境に一層昂進されてきた現代社会における個人主義の問題との絡みで、同じく八〇年代に再生した人権論を詳しく見ていくことにしたい。その際、とくに留意したのは個人主義や人権を評価するに当たっての「両義性」、リベラル・デモクラシーに対抗的なラディカル・デモクラシーの立場から批判的に言えば「二重底」、「二面性」という分析視角である。

二　「二重底」のネオ・リベラリズム――「人権は政治ではない」――

（ⅰ）本書は八〇年代の転換期を中心に述べているが、主として英米においては一九八〇年を境にケインズ主義的な福祉国家からネオ・リベラリズムによる最小限国家への転換＝「保守革命」が登場してくる。ところで、逆説的に、フランスにおいてもほぼ同じ時期に、社会主義を名乗る政党の党首が大統領という最高の権力の座に納まったにもかかわらず、同じような政策を実施し始めたのである。

＊3　ネオ・リベラリズム

この潮流はレーガノミックス（一九八一年、アメリカの大統領にレーガン就任）、サッチャリズム（一九七九年、ヨーロッパで最初の女性首相にサッチャーが就任）という呼称の下、主として英米を先駆として席巻した保守革命という印象が強かったように思う。しかし、両国に限らず実際には、わが国では第一次・第二次構造改革として一九九六年に発足した橋本内閣をもって始動し、二〇〇一年に史上稀にみる高支持率で船出した小泉内閣で本格的な展開をみることになるのであるが、それらは戦後日本の巨大な方向転換を提唱した第二臨調（一九八二年に成立した中曽根内閣が組織した臨時行政調査会）の基本答申に遡るものである。フランスでは発足後二、三年で直ちに国有化政策を民営化へと一八〇度路線変更することになった社会党政権のミッテラン大統領が選出されたのも奇しくも同じように一九八一年であった。ネオ・リベラリズムはこのように八〇年代に至って先進諸国でほぼ同時期に現実の政策として採用される程にまで、かって自由放任思想（「レッセ・フェール、レッセ・パッセ」）と呼ばれていた頃の力を回復し再生したのである。それは文字通り国家（＝政府）「からの自由」を重視する立場であり、反対に国家「による自由」を目指した福祉国家の解体を狙った主義・主張である。中心にある考えは周知のように「官から民へ」あるいは市場原理の徹底というスローガンに言い尽くされており、そこから小さな政府、政府による規制の緩和・撤廃、富裕層への所得税・法人税の軽減、社会保障関係費の削減、競争・効率性の重視、結果よりも機会の平等、自己決定・自己責任・自立自助等々がある意味で演繹的に導出されてくる。その結果は、今日は既に明白であるが、失業や非正規社員の増大による階層分化あるいは格差拡大である。わが国ではその上に七〇年代以来の総中流意識の解体が付け加わる。

また、人権の母国を標榜するのを常とする国家でありながら、かって存在していた頃の社会主義諸国ソ連・東欧で呻吟していた異端者への支援に発する人権論の再生に対してクールな反応・不信・懐疑的な態度も見られたし、さらにルソー流の「一にして不可分な共和国」の一般意志を表明する立法権の優位に対して、立憲主義や法治国家の再活性化・憲法院による法律の審査への積極的な評価、ついには典型とみなされてきたフランス革命へのデラパージュという厳しい批判とアメリカ独立革命への高い評価等々、至る所にパラドックスを感知せざるを得ないといった一見奇異に思われる現象が次々と見られた。通常は、リベラル・デモクラシーなる政治体制での平等から個人的自由等のリベラルな諸価値への重心移動として了解可能である。しかし、そのように単純には進まず、どちらかと言えば「左派による保守革命」と名付けたくなるくらいに屈折して現れている。その辺のニューアンスを斟酌してか、フランス革命二〇〇年祭を準備する中で形成されていったF・フュレを初めとするリベラル派による知的ヘゲモニーの幅広い潮流を、A・アルトゥーが「フランス風ネオ・リベラリズム」(un neoliberalisme à la francaise)[3]と記述しているのは言い得て妙である。

さて、その謎めいたパラドックスを見抜く鍵を与えてくれたのはJ・ランシエールである。ランシエールによれば、フュレの『フランス革命を考える』(一九七八年)は恐怖政治をフランスの民主主義革命の本質に内在するものとして提示することによって、当時支配的であった全体主義(スターリンの恐怖政治)対民主主義という二項対立を破棄し、それによって全体主義の特徴を幾つか備えた民主主義の革命的遺産を現段階で再考するという二重のモチーフをもっていたとするものである[4]。つまり、全体主義的な恐怖政治批判によって集団的革命幻想を払拭するリベラルな民主制の再構築を提示したといったような「単純な読み方は、[フュレの]作戦が二段構えになっているのを忘れている。というのも、[フュレの]恐怖政治への批判は二重底になっているからである。いわば自由主義的な批判は、平等という全体主義的な厳格さに異議を差しはさみ、個人の自由と代表制という共和制の知恵に訴える。[しかし]この批判は、初めからまったく別の批判に従属していたのである。この別の批判にとって革命の過ちは、その集団主義にではなくむしろその個人主義にある。この見方に従えば、フランス革命が恐怖政治になったのは、個人の権利を軽視したためではなく、逆にそれを神聖視したためだった」のである。[5]また「一九八〇年代以来フランスの知識階級が公然と口にしてきた自由主義は、二重底の教えである。啓蒙思想家たちへの、また自由民主主義や個人の権利に関する英米の伝統への崇敬の背後には、社会体を引き裂く個人主義革命に対する非常にフランス的な告発が認められるのである」と。[6]確かに、個人の自由の確保とその神聖視への批判という一見相反するテーゼからなる二重底と思える主張がある。一方には、ジャコバン派の支配であれ社会主義体制下であれ集団的利害のために個人の諸権利を犠牲にすることへの批判、他方にはしかし擁護された個々人が平等であること・差異が尊重されることを次々に要求して止まない結果生じる個人主義の惨憺たる弊害への批判がある。後には次第に全体主義の脅威が弱まるに連れ批判の二重性も弱まっていくにしても、フュレの強調したかった論点は集団主義の恐怖への「自由主義的批判」という面よりも実はその対極にある個人主義への「別の批判」の方に重点があったというランシエールの指摘には大いに興味がそそられよう。通常の自由主義的批判であれば全体主義への批判と個人の権利の尊重とを強調するだけで終わるであろう。しかし、フランスではさらに反転して個人の権利の尊重こそが疑惑の対象にされる。ここに「フランス的例外」の一つが見られるが、その発生源はフランス風リベラリズムの共通の基盤であるトックヴィルの個人主義概念の両義性に求められよう。すなわち、「諸条件の平等」の結果、個々人は個人として独立すると同時に、他者との関係を喪失して孤立する、そして孤立の不安から安定を求め多数者の専制あるいは後見者的な強い国家の到来を願うようになる。それは集団主義の批判から出発した個人主義が一巡して集団主義に帰結するというパラドックスに陥ってしまうことを意味しよう。「二重底」理論はそれを避けようとする意図があるのであろう。「フランス革命は終わっている」というフュレの『フランス革命を考える』第一部の表題は、リベラル・デモクラシーを安定させるため個人主義の行き過ぎを警戒して個人権の神聖視を改めて本来の位置に差し戻そうとする趣旨が見て取れる。(7)

＊4　フランスにおける人権論の再生・政治哲学の回帰

『エスプリ』誌による「人権は政治か」という論争に関連する主だった文献だけでも列挙しておこう。ルフォール「人権と政治」(『リーブル』誌、一九八〇年)、ゴーシェ「人権は政治ではない」(『論争』誌、一九八〇年)、『エスプリ』誌(「権利と政治」特集、一九八〇年)、ポミアン「ポーランドの突破口」(『自主管理』、一九八一年)、『エスプリ』誌(「権利と社会」特集、一九八三年)、ルフォール「人権と福祉国家」(『学際的法学研究』誌、一九八四年)、フェリー&ルノー『政治哲学』、三巻(「人権から共和主義の理念へ」、一九八五年)、ゴーシェ『人権革命』(一九八九年)、バリバール「人権と市民権―平等と自由の近代弁証法―」(『アクチュエル　マルクス』誌、一九九〇年)、バリバール

「人権の政治とは何か?」（チリのサンチャゴ・フランス研究所での講演、一九九一年）。なお、一九九五年にはＪ・ランシエールが一九八〇－九〇年にかけてのこの論争を取り上げ、主としてネオ・リベラリズムの立場からの人権論を念頭において現行のリベラル・デモクラシーの国家を正当化しているに過ぎないと厳しい評価を下している（『不和あるいは了解なき了解』松葉祥一他訳、インスクリプト、二〇〇五年、六ページ参照）。さらにゴーシェ「人権が政治になるとき」（『論争』誌、二〇〇〇年）がある。

（ii）八九年を真ん中に挟んで発表されたＭ・ゴーシェの「人権は政治ではない」（一九八〇年）と「人権が政治になるとき」（二〇〇〇年）という論文は、まさに「二重底」のリベラリズムという批判の格好の素材であると言えよう。前述したように社会主義国で呻吟する異端者達の声に応え、フランスで人権のブルジョア的階級性の契機を超える普遍性を摘出する人権論が再生したのは、八〇年前後であるが、嚆矢となったのはゴーシェの師匠格に当たるＣ・ルフォールの「人権と政治」という論文であった。[8] ルフォールは民主主義を神の法や自然法など人間の手の及ばない超越的規範を拒絶することとして理解し、また権力の場は「空虚な場」であっていかなる階級によっても永続的に専有されるべきでなく、投票のような定期的な更新の手続きに服すべきという近代の代表制民主主義観を表明していた。この二点についてはフランスの左翼にとって共通に了解されうるものであるが、しかし次の点はマルクス主義の伝統的解釈＝人権は資本主義的搾取と支配を隠蔽する法的道具と見る解釈に真正面から対立するものであった。すなわち、この論文で展開された人権論によれば、人権は権力の介入を閉ざす障壁であるという自由主義的な理解に止まらず、獲得された人権の防衛とそれを梃子にした新たな権利の取得を推進するダイナミックな民主主義的論理の開示という、当時の左翼ではユニークな人権読解から反全体主義的な立場を表明したものであった。ところが、ゴーシェは人権が体制的に侵害されている社会主義国家においては赤い全体主義に決着をつけるため必要不可欠であるにしても、人権が当然の政治的レトリックとして既に長年通用している西ヨーロッパ社会において、人権概念の担う意義と重要性を同じように捉えることは逆の結果を招くことをむしろ懸念する。一つは現状の正当化・美化である。この意味では、「二重底」の集団主義批判という上層部分についてはほとんど斟酌する必要はないと考えている。ただ、フランスにおけるネオ・リベラリズム生成の根拠地は社会科学研究院のレイモン・アロン政治研究センター（一九八二年設立）であるが、その名称の主はフランス共産党と社会党との左翼共同政府綱領の締結（一九七二年、六年後の一九七八年には決裂）に自国での全体主義の「危険」を感知し、一九七八年に雑誌『コマンテール』を世に出したのであった。ゴーシェはそれに比べるとセンターの重要メンバーとしては少し腰が引けているように思わざるを得ない。

一方、「二重底」の下層に当たる部分に関するゴーシェの分析はユニークでなかなか含蓄に富んでいる。ユニークな点は、「近代人の民主主義は単純な現象ではない」という説明から入って、「諸条件の平等」が含む両義性をあぶりだすようなトックヴィルのダイナミックな解読でさえ不十分とし、むしろ多様なものの統一という複合性に近代民主主義の特性があるとする、というところにある。つまり、古代ギリシャ人が用いたのとは非常に違った意味での「混合体制」を形成していると見る。たとえば政府形態として議会が決定し国王がそれを執行し紛争が生じれば貴族が裁定する仕組みを王政・民主政・貴族政の混合体制と呼ぶように、近代の民主主義は政治（政治共同体の形態、簡潔に言えば国民国家）・権利（法的に構成された正当性の原理、つまり人権）・歴史（集団的行動の世俗的組織、通常歴史と呼ばれている生産的生成）[9]というそれぞれ内容の異なる三つの構成要素の混合から成っているとされる。もっとも、ゴーシェが近代民主主義と呼んでいる体制は、ほぼ一九〇〇年頃に市民権の要求に基づく男子普通選挙制の導入を以て初めて成立した、と述べているように実のところは「リベラル・デモクラシー」のことである。「一九〇〇年には、それぞれの独立した存在と他に還元し得ない一貫性という基礎に基づいて、歴史的方向・政治形態・法的個人主義の論理の結びつきという問題が初めて日程に上った。それがこの時期の特異性である。それぞれの要素の傾向が全体への専一的排他的な鍵として固執されつつも、互いを結び付けそれぞれに十分な正当性を認めるように結束させることが問題になってくる」[10]。そして一九五〇年から六〇年にかけて三つの構成要素がバランス良く統合されるが、それまでは生成の時期であり、七〇年代からは統合の解体が始まりかけ、二〇〇〇年を以て生成・発展・消滅という一つのサイクルが完了する、と見る。

(iii) 実は、上述のようにフランスで人権論が再生したのがその解体のサイクルの始まりと重なっている点に注目したい。リベラル・デモクラシーが期待されている統合の機能を正常に果たせば、本来(といっても、筆者自身の想像する具体例を念頭においてのことであるが)、「政治」は万人に共通する公共の事柄――たとえば、家族・地域・経済・教育・治安等の組織化による人々の現在を保護し、財の再配分による年金・医療などの社会福祉や国の将来像の提示等による未来の保障――を代表制を通じて集団的に議論し、「歴史」はそれぞれが集団に参加して形成に寄与し以後の歴史的方向を互いに予感・共鳴することによって常に更新されつつ保持される伝統であり各人や集団のアイデンティティーの一端になるのに反し、「権利」は時に顕在化する前二者の集団的圧力や介入による危険に対して何よりも個人を保護しようという法的手段であり、人権としての個人の自由に至っては集団的利益に優越することさえ認められている。問題はこれらのバランスが崩れることであるが、一九八〇年前後から始まるポスト・モダンという表象に示されているように、自己のみしか視野に入らないナルシス的個人が圧倒的に多くを占めるようになり、ついには「政治」・「歴史」の要素を後退させ隠蔽してしまった。したがって、ゴーシェは「人権は政治ではない」はずなのに二〇世紀後半の四半世紀に「人権が政治になるとき」、リベラル・デモクラシーの危険を察知し警告を発しようとしたのである。

＊5　人権の過剰

樋口陽一氏がゴーシェの問題意識を分かりやすく的確にコメントされているので紹介しておきたい。「ゴーシェが『人権が政治になるとき』という問題性は、『共和国』を構成している『人』（homme）と『市民』（citoyen）との、緊張に満ちた共存が破れることの問題性にほかならない。ここでいう『人』権とは、公共社会（res publica）からの自由を本質とする。それは、公共にかかわることを拒否する『ただ乗り』をも許容する。しかし、『ただ乗り』で『よいとこ取り』をしようとする構成員が多くなれば、来たるべき公共社会そのものが消滅してしまうだろう。それだからこそ、一七八九年宣言は、『人』権とならべて、『市民』の権利、すなわち公共社会（res publica=republique）を創り維持しようとする場面で問題となる権利を掲げたのであった。ゴーシェが『人権のデモクラシー』を弾劾するのは homme=『私』が、citoyen＝『公』を食い尽くしてしまう傾向を警告しているのだ。他方で、citoyen＝『公』

が、homme＝『私』を呑み込んでしまう危険と、いうならば巨岩と暗礁の間を縫って進むという難問に直面して、安易な答えは無い、というほかない」（ドゥブレ・樋口陽一・三浦信孝・水林章『思想としての〈共和国〉』みすず書房、二〇〇六年、二五九−二六〇ページ）。

＊6　個人主義の昂進

八〇年代に復活したネオ・リベラリズムとこのフランスで再生した人権論、この二つは相互に関係なくバラバラに並存しているだけの現象ではなく、それらの共通項として内的に結びつくことを可能にしているものがある。容易に想像されるであろうが、それは「個人主義」である。ただ、辞書的意味の個人主義とは違う独特のニューアンスを押さえるためには、この時期かなり読まれたらしい著作の題名――たとえば、『ナルシシズムの時代』（ラッシュ著、仏語版一九八一年）、『空虚の時代』（リポビッキー著、一九八三年）、『六八年の思想』（フェリー&ルノー著、一九八五年）、『六八−八六個人の道程』（フェリー&ルノー著、一九八七年）、『六〇年代の様々の運動』（カストリアーディス著、一九八六年）、『個人の時代』（ルノー著、一九八九年）――から窺うことが良いかもしれない。ひたすら「自己への配慮」に専心する自画像を読み取ることができるであろう。これをゴーシェは、一九八〇年段階のフランスの特徴は人権の主体となる個人が「私化と脱政治性」という性質を圧倒的に帯びた時代、と表現している。それはPrivatisationという言葉に言い表されているように「官から民へ」の傾向であり、また私生活優先主義でもある。国家や政治から距離を取り、「禁止することを禁止する」という「五月革命」時の落書きのように一切の拘束の欠如を自由と理解し、それを人権として認めること、すなわち公的領域や公的空間には全く関わらないし関わりたくないという要求である。

わが国についても七〇年代の終わりから八〇年代にかけて福祉国家体制も終焉し、家族・地域・会社といった伝統的あるいは近代的な中間的帰属集団を失って彷徨う個人の姿が目に付くようになり始める。「七〇年代以降に顕著になるこの変化は（家族や会社の結合力の弱まりや、未来志向よりも現在中心の考え方の強まりなど―引用者注）、戦後社会という域を超えて、近代社会の地殻変動が始まっていたことを示している。……日本社会は……敗戦を経て高度成長期まで、未来の豊かさのために国民が団結し、現在の生を犠牲にして努力する体制を作り上げてきた。……だが、高度成長以降の『豊かさ』の実現は、このような生産主義の必要を相対的に弱める。〈未来〉の拘束は相対化可能なものとなり、その弛みから、個人的な〈快〉や〈愛〉を志向する声が大きくなっていったのである」（吉見俊哉『ポスト戦後社会』岩波新書、二〇〇九年、八七ページ）。個人主義の昂進による拘束的な絆から解き放たれた個人の快楽主義的な傾向が読み取られるであろう。

確かに人権は専ら自己自身かせいぜい親密圏という〈私的領域〉を守るに過ぎない権利だと個人主義的に了解されているのであれば、人権の再登場をそんなに嘆くこともないであろう。しかし、人権にはそれに止まらず〈私的／公的領域〉に跨るもう一つの潜在的次元がある。それを明るみに出したのが、前述した長く支配的であったマルクスの人権読解と七〇年代のソ連全体主義批判を狙ったC・ルフォールの「人権と政治」である。人権宣言の第四条からモナド的人間を摘出したマルクスに対し、ルフォールは第一一条の「最も貴重な権利の一つ」とされるコミュニケーションの自由は私的領域に閉じこもった利己的な個人を神聖視するものであるどころか、思考・言論・意見・文書の流通を人権として保障することによってアゴラとも言える〈私的／公的領域〉の設定を積極的に認める権利であることを強調したのである。その公的空間へのアクセスの中で既存のあるいは新しい人権の正当性の検討を通じて社会のステイタス・クオの問い直しを図る可能性を開いた。しかし、その結果、「人権はどのような定式化に対してもすべて超越するものとしてある。それは、人権を定式化することは再定式化し直すという要請を含み、既に獲得された権利は必然的に新たな権利を支持するように要請される、ということをさらに意味する。……人権が最終的に準拠枠として設定された時から既に獲得された権利は問いなおされる運命にある。……ところで、権利が問題になる際には現に確立されている秩序という意味での社会も問題化に晒されているのだ」という記述に窺えるように、止むことなく個々人に権利を要求するよう促す民主主義的なダイナミズムによる権利のインフレ現象、あるいは集団の政治的意思主義による既存の権利の不断の問題化、そうした行き過ぎ・過剰から生じる不安定な状況への危惧、そうしたものがリベラリスト達の胸中に大きくのし掛かってきたのであろう[11]。そうした怖れは一九九五年の年末に行われたシラク政権による社会保障制度改革法案に反対する闘いへの評価にも現れていた。あの六八年闘争に匹敵する規模での鉄道・地下鉄・バス、郵便・電気・ガスなど日常生活の根幹に関わる領域での、しかも三週間以上にわたる長期のストライキや大規模デモが行われた。その際に、左翼インテリゲンチャの一部は参加者達の集団的利己主義によるものだと弾劾したのである。フランス左翼の伝統では考えられないことであったが、八〇年代を通じての「保守革命」の真相の一端をそこに見ることもできよう[12]。換言すれば、第一左翼と、国家の介入を忌避する点で親米的であり市民社会に好意的な第二左翼を分かつスタンスの違い、つまり、社会保障や雇用、移民問題などの深層にある資本主義経済制度の問題点（無限の成長・進歩という神話とか生態系への配慮とかは別にして、とくに生産過程を領導する私的所有制・流通過程でも過度に強調される効率性・市場の原理の識閾を超えた支配など）にどう対決するかというスタンスの違いが端なくも露呈したものと考えられる。だから、リベラル・デモクラシーの安定を目指すフランス風ネオ・リベラリスト達について、極左派のA・トセルなどは「全体主義というカテゴリーをソビエト的共産主義に反対する理論的武器にし、ヨーロッパの資本主義的民主主義を歴史の最後の言葉として理想化するもの」と位置づけるのである。先のランシエールの二重底批判にかなり似ているところが面白い。上層では社会主義・共産主義を念頭においた全体主義というレッテル、下層部分については過度の個人主義的要求に警戒しつつ資本主義的民主主義を歴史の終わりとして正当化する。因みにリスト・アップされているリベラリストはR・アロン、F・フュレ、P・レイノー、P・マナン、F・エバルド、M・ゴーシェ、A・ルノー、L・フェリー達である。[13] なお、筆者としてはこれらのリストにP・ローザンバロン、J・ジュリアード、それに躊躇しつつであるがC・ルフォールも付け加えておきたい。

三　「統合」のラディカル・デモクラシー――「人権の政治」――

（i）フランスの極左派は「左の左」として一九八九年を境とする社会主義世界の崩壊とグローバル化する資本主義の更なる攻勢に十分対抗できるよう理論の練り直しを迫られてきている。

＊7　ソ連・東ヨーロッパの社会主義の崩壊

ソ連・東ヨーロッパの社会主義諸国が公式的に社会主義体制という組織として解体したのは一九八九年から九一年にかけてであったが、実質的にはすでに七〇年前後に崩壊の兆しを見せ始めていた。五〇年代のハンガリー事件を別にしても、六八年の「プラハの春」へのソ連・東独等五カ国の戦車などによる軍事介入、七〇年代の半ばに強制収容所群島の様相が暴露されだしたソ連、八〇年代に入って早々からのポーランド自主管理労組「連帯」の活動とそれへのワルシャワ軍事機構の介入はその顕著な現れであった。中国の文化革命（という名の権力闘争）、カンボジアでのポル・ポト政権による大量虐殺など七〇年代のアジアでの事件も入れると、「現に存在する社会主義国」やマルクス主義の威信の低下は、一九七九年に出たリオタールの『ポスト・モダンの条件』による「大きな物語」の終焉・弾劾の格好の材料であった、と言えよう。

いかなる点で現状肯定的なリベラル・デモクラシーに優位できるのであろうか。その方向性は、一つは反資本主義の姿勢を貫くためマルクス主義を参看しつつも現代的妥当性を求めて絶えず検討に付すことであり、第二にリベラリズムの普遍的な遺産を認め継承することによって全体主義であるという批判に応えることである。この両者を目指すのがラディカル・デモクラシーと呼ばれる潮流である。それにしても、なぜ極左派――とは言え、主として議会外の左翼の政治勢力という意味であって、「極」左という語感から連想され易いテロリズムあるいはテロリストとは全くなんの関係もない[14]――のデモクラシーなのか？という疑問が生じるかもしれない。Ph.レイノーの最近の著作[15]を読むと、他国に比べ極左派がフランスの中で占める比重の大きさ（「フランス的例外」）から理解できるであろう。それによると、第一の特徴は、一世紀になんなんとする長い歴史をもち、組織の恒久性は他を圧倒する程である。主な思想潮流はトロツキズムであり、多かれ少なかれ〈十月革命〉の正当な継承者であることを自称している。メンバーの主要な社会基盤は大学内外のインテリ層であると言われている。第二の特徴は、八九年以後も衰えない反資本主義的文化あるいは反リベラリズムの主張の持続性と潜在力である。「もう一つの別の世界」を求める社会運動への相対的な力および知の源泉ともなっている。第三の特徴は、極左派の理論的業績の多産性であり、現状の変革を目指すユニークな様々の作品が産出されている。それは戦後のメルロー・ポンティー、サルトルに始まるフランス哲学の伝統の中に位置し、一九六〇年代にはアルチュセールを経由して、以後も重要な一翼を形成し続けている[16]。最後に、政治的影響力を測る一つの指標として大統領選での得票率を付け加えておこう。二〇〇七年にサルコジ大統領が勝利した選挙では（もちろん、第一回目の投票であるが）、「革命的共産主義同盟」が一四九万票で得票率は四・〇八％、他の二つのトロツキスト派の組織「労働者の党」、「労働者の闘い」も二％前後の得票であり、極左派としては合わせて約八％である。その前の二〇〇二年の極右のル・ペンが決選投票に臨んだ大統領選では、革命的共産主義同盟は一二一万票（四・二五％）であり、共産党の三・四％を上回っていた。

（ii）さて、極左派の中にあってマルクスの貢献を認めつつそれを人権というリベラリズムの遺産と統合しようと試みる典型的な例をE・バリバールの著作群に見ることができよう。ただ、遺産の継承と言っても反リベラリズムであるから当然に修正が加えられており、人権に関して規範的根拠を近代の自然権論のように超越的な「人間の本性」に訴えるわけではなく、また人権「宣言」という行為を重視する姿勢は、同様に人権を宣言することを告知（自然的には平等でも不平等でも、自由でも不自由でもない未確定の状態を、人々は代表者を通じて、以後、自由・平等であることを宣言する創出的行為＝告知が必要である）と見るルフォールに近い[17]。しかしそれ以上に、ネオ・リベラリスト達が警戒感を露わにしている人権リストを開かれたものと見るルフォールの論理を、ほぼ文字通り辿っているかに見受けられる。たとえば「この『告知という行為』の具体性は、『宣言』のなされた翌日から女性や労働者、植民地の『人種』といった人たちの権利が市民権に組み入れられるよう要求する際に依拠されるようになった一連の諸要求の準拠点であった、ことを私は疑いようがないのである」と述べている[18]。

とは言え、バリバール人権論のオリジナリティーは人権を〈公的領域〉にまで及ぼした点にある、と言っても良いであろう。周知のように、若きマルクスは一七九三年フランス憲法の第四条を分析して、人権を他の人たちと共同でしか行使できない政治的権利としての人権、すなわち市民権といわゆる人間の権利としての人権とに区分し、しかも後者の「いわゆる人権のどれ一つとして利己的な人間、市民社会の成員としての人間、すなわち、自分自身だけに閉じこもり、私利と私意とに閉じこもって、共同体から分離された個人であるような人間を越え出るものではない」[19]と人権に厳しいコメントを付けていた。換言すれば、人権宣言は公的領域と私的領域という自由主義的あるいはブルジョア的分割を制度化したという理解の上での批判であるが、これがルフォールによって異議を唱えられるまで通説として強力な影響を及ぼしてきた。バリバールも『宣言』の人間は国家のメンバーである市民と対称をなすような「私的な個人」ではないとマルクスとは全く反対の読解をしている[20]。それどころか、人権宣言の条文の中核は「二重性」の等式にあるとし、第一に人間（人権）と市民（市民権）の同一視、第二に平等は自由に等しいという平等と自由の同一視、という全く新しい意味を宣言から引き出しているのである。八九年人権宣言は国民議会議員のイデオロギー、彼らが代表する各階級・階層の利害、革命を取り巻く旧体制派の動向や国際状況からくるアジェンデ等々が組み込まれたモザイク模様を呈しているので、全一七条を法解釈風に文理・論理の技術を駆使して分析してもなかなか真相は読み取れるものではない。だからバリバールのような解釈も十分成りたつであろう。

第一の同一視について、たとえば、第一条（「人は自由、かつ権利において平等なものとして生まれ、……」）、第六条（「すべての市民は法律の作成に参加する権利をもつ……」）を引き合いに出して、バリバールは「宣言の中での平等の扱いは人間と市民との最も強力で最も正確な同一視の場である」[21]と述べて自己の解釈の有力な根拠にしている。ただ、ルソーの「われわれは市民となった後に初めて人間となり始める」[22]という重要なフレーズ――啓蒙期政治思想独特の自然状態 vs.市民状態の対比を旨く乗り越え得る思考――を参考にしているかどうかは不明である。それにしても同一視の政治的効果はかなりのものである。わが国での外国人の選挙権や公務就任権の問題、バリバールが実現のために奮闘している移民、難民、サン・パピエの問題も理論的には一挙に解決の糸口が見出せよう。文脈は大きく異なるけれども、かってアレントはナチス時代にユダヤ人が無国籍状態となりもはや人間という資格しか残されていなかったまさにその時、人権が何らの意味をもたなかった経験を顧み、国家という帰属しうる場をもった国民にしか権利はないという結論に辿り着いたことを思い出すだけでも、その効果の程が感得されよう[23]。

次に、人権宣言のバリバールによる読解の第二の同一視である平等＝自由に移ろう。平等と自由の等式は、フランス革命の目的が自由の否定である絶対主義と平等の否定である特権階級の打倒であったことから見れば、一七八九年の革命家達の二重の願いを反映したものである。ただ、自由主義の伝統によれば自由と平等はもともと別個の観念と理解されており、両者の間に妥当な均衡を見出すことだけが課題とされてきた。だから、リベラル・デモクラシーの下にあっては、文字通りの自由競争によって著しい不平等が生じ、社会のなかで不満が大きくなれば、国による財の再配分によって平等の実現に向けて格差の縮小あるいは解消の試みが行われる。しかし、バリバールは自由と平等を分離するのではなく、〈l'égaliberté〉という新造語により「平等と自由は同一であって、平等は自由と等しく、逆もそうである。双方がそれぞれと正確に同じ『大きさ』である」と述べ、第一の同一視と同様に全く新しい着想を示す。しかも、「平等・自由というこの提案は人間と市民の等式の下で、あるいはむしろ等式の中で普遍性の理由として存在する」[24]として、二重性という二つの等式あるいは同一視がメダルの両面のように切り離し得ないことを注意している。従って、人間として自由権を行使し、結果として生じた格差を是正するために、今度は市民として政治的権利を行使して平等を実現する、といったリベラル・デモクラシーの発想は論理に組み入れられていない。

＊8　『資本論』におけるマルクスと自由・平等

『ユダヤ人問題によせて』での人間≠市民の公式は成熟期マルクスの次のような経済構造からの自由・平等へのアプローチによってより精緻に裏付けられている。「労働力の売買が、その限界のなかで行われる流通または商品交換の部面は、じっさい、天賦人権の本当の楽園だった。ここで支配しているのは、ただ、自由、平等、所有、そしてベンサムである。自由！　なぜならば、ある一つの商品たとえば労働力の買い手も売り手も、ただ彼らの自由な意志によって規定されているだけだから。彼らは、自由な、法的に対等な人として契約する。……平等！　なぜならば、彼らは、ただ商品所持者として互いに関係し合い、等価物と等価物とを交換するのだから。所有！　なぜならば、どちらもただ自分のものを処分するだけだから。……彼らをいっしょにして一つの関係のなかに置くただ一つの力は、彼らの自利の、彼らの個別的利益の、彼らの私的利害の力だけである。……」（合本『資本論』大月書店、一九八二年、二三〇－二三一ページ）。この指摘（の前提）によれば、商品交換関係が支配的になる資本主義社会においては、人は誰でも少なくとも労働力という商品の持ち主である。しかも商品に投下される労働力は抽象的労働であるから、その人間がどのような属性を持っているかは関係ない。要するに、人間であるというだけでよいのである。筆者は、人間であるというだけで享有すると定義される人権（「人間の権利」）が一七－一八世紀になってなぜ初めて登場するのかという問題への今のところ最も説得力のある解答だと考えている。

（iii）ところで、今日、以上のような「平等な自由」を実行に移そうとしたら――というのも、現実にはリベラル・デモクラシーの下で平等と自由は別個のものと観念されてきたので――二つの要因に左右されざるを得ない、という仮説をバリバールは提示する。一つは革命期後の長く続く、しかしそれなりに変化する状況下での力関係と利害関係の対立に見られる諸矛盾の確定、それとこのような諸矛盾がイデオロギー空間で取ると考えられる諸形態の確定とである[25]。まず、前者の諸矛盾への依存については、平等・自由に制度的安定をもたらすため諸矛盾の間に相反する形態を内包する二つの〈媒介〉が必要とされる。その第一は「共同体」（あるいは「友愛」）であり、第二が「所有」（あるいは「商業」）である。そして「共同体」は国家共同体と人民共同体とに、「所有」は労働・所有と資本・所有あるいは個人的所有と集団的所有とに分割される。最後に、こうした対立を内包する二つの媒介の結びつきが〈階級闘争〉の最も一般的な形態であるとされる――もっとも、性の差異や精神労働と肉体労働の分割など別種の矛盾は排除されている。次に、諸矛盾の取る後者のイデオロギー形態であるが、平等・自由を挟んで共同体と所有が対峙する。換言すれば、自由と平等の実現にとって考えられる二つの媒介とその内部の対立物の結びつきが焦点になり、近現代の主要な政治イデオロギーの原型がすべてここに再現される。すなわち、「所有」に強調点をおく社会主義（集団的・所有）と自由主義（個人的・所有）から、「共同体」に強調点をおくナショナリズム（国家・共同体）と共産主義（人民・共同体）に至るまでの四種類に収束される。[26]ところが、このように整理した直後、突如、バリバール は〈過剰な危険という議論〉を持ち出し、二つの〈媒介〉を定義し直すのである。すなわち、個人に対する全体や集団の絶対的優位という「共同体の過剰」は、個人であることへの抑圧となるので、所有の保障の原理とりわけ生存条件の所有という自己自身の所有によって自由と平等の関係を測定しなければならない。逆に、利己主義的な個人の絶対的な優位となる「所有の過剰」は共同体への抑圧となるので、翻って自由と平等は本質的に人々の共同体的存在の表現であるように定義されなければならない、と。要するに、「あること」と「もつこと」という古い弁証法に見出されるように、共同体は所有の一定の規制による、所有は効率性・正義・一般利益等によって規制された一定の共同体による統合によって理想的な均整が実現するはずである、とされる。[27]アルトゥーは、個人の実現と共同体の利害とを対立させようとしなかったバリバールのこのような問題意識を「各人の自由な発展が、すべての人々の自由な発展にとっての条件であるような結合体」という『共産党宣言』の階級のない社会の定義とほぼ同列に捉えているが、それこそ些か過剰な賞讃の議論ではないであろうか。[28]

（iv）バリバールの「平等な自由の提案」を読みこうして要旨を纏めていると、筆者はルソーの社会契約論をつい思い出してしまう。ルソーも唯一の正当性を備えた直接民主制の国家においては、法の究極の目的が相互に他を前提にする自由と平等にあること、それ故に「権力については、それが、暴力の程度にまでは決して高まらず、……富についてはいかなる市民も、それで他の市民を買えるほど豊かでなく、また、いかなる人も身売りをよぎなくされるほど貧しくはないということを、意味するものと理解せねばならない」。まさに過剰な危険を避け、「国家に安定性をあたえようと思うならば、両極端をできる限り接近させるべきである。百万長者と乞食のいずれをも認めてはならない」。一方が自由を買い、他方がこれを売るからである。[29] 主権を直接行使する市民、平等な自由、国家・共同体、中程度の所有等々、賭け金（l'enjeu）という言葉を多用するバリバールに倣えばルソーの中にゲームを楽しむためのかなり沢山の持ち駒・札が見出されよう。その意味で、本節の冒頭に述べた近代の自由主義・民主主義思想の遺産を継承し、という面は成功しているように思える。しかも、そのままの継承ではなく人間・市民、平等・自由の二重の同一視によって人権宣言のオリジナルな読み直しも遂行されている。そこで期待が高まるのは、アルチュセールの高弟として信奉するマルクス主義をどのように一九八九年以後のグローバル化した資本主義世界に対決できるよう発展させたかであるが、筆者はバリバールについては入門したばかりの読者でしかないし、それも人権との絡みで関心をもっているに過ぎない。したがって、短いコメントを二点差し挟むだけで責めを果たすことにしたい。

第一は、平等・自由を実践に移すための仮説として導入された二つの〈媒介〉、所有と共同体ないし国家に関してである。所有については、経済的土台という唯物史観のカテゴリーに関わるだけに〈媒介〉として真っ先に取り出されただけでなく、資本所有と個人所有に分割され、搾取・支配といった人権理念に反する内容を避けるためか〈過剰な危険という議論〉に依拠して各人の生存に資する個人所有のみが正当性をもっているかのように読めるよう修正されている。また上部構造からは国家・共同体が〈媒介〉として保持されており、しかも保守や右の陣営からの社会主義・共産主義＝全体主義というレッテルに抗して個人や部分に対する集団や全体の絶対的優位を否認している。総体として見て、人権についてもマルクス主義のカテゴリーについても木に竹を接ぐような違和感をもたないで済む程度には旨く融合されているように思える。もっとも、正統性を重んじるマルクス主義者からは別の厳しい評価が予想される。

第二のコメントは人権が機能する場の問題である。ゴーシェの〈私的領域〉における人権、ルフォールの〈私的／公的領域〉における人権に対して、バリバールは〈公的領域〉における人権を提起したと言えよう。それはヨーロッパ共同体の成立による国境を越えた市民権のための活動に直截に現れている。市民権と国籍を切り離して、滞在許可証のないいわゆるサン・パピエ、難民等に居住への権利だけでなく投票権も認めようとする。人権宣言を読み直してそこに「平等＝自由」、「人間＝市民」という等式が「政治への普遍的権利」として機能するのを見ようとしている。[30] 確かに時代に見合った卓見ではあるが、リベラル・デモクラシーにおいては明確であった国家と市民社会あるいは公的領域と私的領域との分割線がかなり曖昧になっている。下手をすれば前者が後者を完全に飲み込む全体主義に陥り兼ねない。問題は歯止めであり、そもそも人権には公共領域を担う権力・物理的暴力を独占する権力に対抗するという歯止めの力にこそ存在意義があったのではないであろうか。治者と被治者の一致——その前提として意見の一致——が民主政の理想状態であろうが、仮にかっての弱者であれ多数者として権力の把持者である限りは人権による歯止めを用意しておくべきではないのか。

＊9　自由と平等の関係について

上述のようにバリバールは〈l'égaliberté〉という造語をつくる程に自由と平等がいかに切り離し得ないものであるかを強調しているが、次節で触れるカストリアーディスもそれ以上と言っても誇張ではない程の情熱を両者の結び付けに賭けている。少し長い引用になるが、リベラリズムにも関連させているので我慢して頂きたい。「諸個人の自律、自由は……とりわけ権力へのすべての人々の平等な参加を内容としている。平等なしには自由もないのと同様に、権力への平等な参加なしには自由はない。もしわたし以外の他人がわたしに関わることを決定し、しかもその決定に対してわたしが何も関係できないとすれば、どのようにしてわたしは自由であり得ようか？　ある種の自由主義的伝統にお馴染みの考え方に反して、自由の要求と平等のそれとの間には二律背反ではなく相互的な含意の関係があることを断言しなければならない。現在も広く行き渡っているこうした常套的な考えは限定された・防御的で・受動的な自由のような、格下げした自由によって自由の見せかけを得ているに過ぎない。この考えにとっては、権力に対して個人を〈防御する〉ことだけが問題になっている。すなわち、疎外あるいは政治的他律をすでに受け入れている、集団から切り離された国家領域の存在を前にして諦めの気持ちでいること、結局のところ〈必要悪〉としての権力（と社会）という見解に同意していることを前提しているのである。この見解は間違っているだけでなく、酷い倫理的堕落をも示している。それは、自由主義の最も偉大な代表者の一人であるバンジャマン・コンスタンが、古代の個人と違って近代の個人は法律や国家に対して〈自己の享楽の保障〉を求めている、と極めて適切に述べている通りである」(C. Castoriadis, Domaines de l'Homme, pp.319-320.『人間の領域』三八七－三八八ページ)。確かに、代表政治・間接民主制を受け入れた以上は他人による支配を受忍したことをも含意するであろう。とすれば、主権の行使から無縁となった人々にとっては政府や国家は強制力で威嚇する「悪」にしか見えないであろうし、そうだとすれば〈小さな政府〉に越したことはない。もっとも、それも景気の良い時に限られるであろうが。コンスタンの言の通り、われわれは「享楽の保障」を求めているだけなのであろうか。

四 「自律」のデモクラシー――「人権と政治」――

（i）「いかなる民主主義か?」（一九九〇年）という講演の中で、カストリアーディスはグループ『社会主義か野蛮か』以来の盟友ルフォールの政治哲学の核心――民主主義の未規定性、知と権力の分離、空虚な権力の場など――に悉く厳しい批判を加えている。現代の民主主義は未規定であるどころか現にある社会的―歴史的体制（部分的あるいは全面的な官僚制的資本主義）によって規定されていること、同じように国家や企業の中の階層的官僚制組織の中で権力と知は堅密に結びついていること、権力は政治資金をふんだんに出せる限られた社会の階層の手にあることも十分知られていることであって、結局、現在の北の豊かな民主主義社会とは「自由主義的寡頭制」社会に他ならない、と。[31] これを評して、極左派に属するアルトゥーは、「彼の分析は余り効果的であるようには思えない。……カストリアーディスは政治というもの（社会の自己―制度化）の原理的な告知と自由主義的寡頭制という〈社会学的〉分析とを並置することで満足しており、特殊な政治形態と言える近代の市民権が担っている政治的弁証法といった〈中間的な〉水準が効果的に働いていない。この視角からは、民主主義に関する彼の思考はラディカルな批判的規範として機能してはいるが、それがどのように解放の戦略的展望と結びついているのかは明確ではない」[32]。実現されるべきプロジェとして想像・創造された自律的社会という目標、それに真反対の自由主義的ではあるが限られた一部の上層階層が支配し続ける他律的社会という現実、いわば二元論に終始しており架橋すべき戦術論がない、と述べる。これに比べると、ルフォールの対立の正当性を認める民主主義概念には既存の人権を梃子にして更なる新しい個人的・社会的・政治的権利の承認を推進するダイナミズムが見られるし、バリバールには市民権という問題意識の中に権力のコントロールだけでなく、社会や国家の内に個人や集団が有する正当なあらゆる利害の実効性のある反映あるいは代表を求める戦術的展望があるとする[33]。

確かに、カストリアーディス自身しばしば誤解されることを嘆いているが[34]、しかしたとえば人権に関しても過小評価と受け取られても仕方ないような文章がかなり沢山見られる。ルソーの有名な社会契約条項について、「各構成員の身体と財産を守り、保護すること」という目的条項は必要ないとか[35]、人権保障を目的とする憲法をもっていないイギリスでは三世紀前から人権が最も尊重されている例を挙げて憲法への物神崇拝を戒めるとか[36]、八〇年代のフランスにおける人権論の再生に関しても、東の全体主義的圧政に対しては意味があっても民主主義国では人権保障は最低限であって、その上でより自律的な社会をどのように建設するかこそが問題であるとか[37]、そうした指摘を読むと、あたかも目の前の不正・悲惨への人権の役割を軽視して一足飛びに自律的社会の実現が可能であると考えているかのような印象をもたれても止むを得ない。しかし、晩年近くになって行われたMAUSS（Mouvement Anti-Utilitariste dans les Sciences Sociales、社会科学における反功利主義運動）のメンバーとの対論で次のように述べている。「民主主義社会には諸権利が存在し、ヘイビアス・コーパスや直接民主政の制度もあり、社会的経済的諸条件の変化によって市民の参加も可能になった。……自分は『社会主義か野蛮か』以来、とくに『社会主義の内容』という論文におけるように常に民主主義について記述してきた。なぜか？　なぜなら、自己－制度化を可能にする既に制度化された民主主義的諸形態がもし存在していないならば、自己－制度化する社会・体制について語ることがそもそも馬鹿らしいからである。存在しないなら言うべきことは何もない。未規定の言説が空虚なのはその点のためである。社会が実効的に自由であり自律的であるよう、社会が自己の諸制度を変化させるためには、社会には自らがそうすることを可能にする諸制度が必要なのである」[38]。

　自己－制度化する社会＝自律的社会は、自己の同一性・統一性を保持するために制度化し——その結果、言語・政治・経済・法・教育・死生観等が制度として生まれる——、次にこの制度化された諸形態が別の新たな制度化のために変革の対象にされるという止むことのない運動を繰り返す。その意味では、権力に反対する自由が保障され、代表制であれ統治されている者の声が議会で表明されることのできる制度、この際は〈自由主義的寡頭制〉ということになるであろうが、全体主義国家に比べれば何倍、何十倍も自律的社会に向けての解放運動がやり易いことは言うまでもないであろう。したがって、人権条項を含む憲法をもち、しかもその憲法が実効的に運用されていること、そうした法制度と運用を守りさらに改善する運動を重視するという戦術的展望がカストリアーディスに全くないわけではない。ただ、それを自律への切望を遮断する自由主義的幻想として一刀両断のもとに否定しているかのように思われる文章が多いため誤解が生じるのではないであろうか。

（ii）結局のところ、ラディカル・デモクラシーとして一括し得る立場は、リベラル・デモクラシーの支柱をなす伝統的な諸々の自由や法の前の平等といった不変・普遍を称える価値を継承しつつ、なおその未完成あるいは部分的な達成に過ぎないことを批判するという二面的な戦略を取ることにならざるを得ないのであろう。では、批判の際の基準となる自律的社会における「自律」とはいかなる状態を指しているのか。「自律的社会における自由は、次の二つの基本法によって言い表される。決定への平等な参加がなければ実行もないこと。法の制定への平等な参加がなければ法もないこと、である。自律的集団は『われわれは自分たちの法を自分たち自身で与えることを法としている人間である』ということを標語とし、また自己定義としている」[39]。自由に関する二つの基本法から演繹される「自律」の第一の意味は、自由と平等の関係について、リベラリズムの伝統とは違い両者を相互的な含意の関係として捉え、不平等な者の間には自由はないと考える。したがって、自律は自由と平等の両者を同時に要請するのであり、その意味合いは前述したバリバールの「平等な自由」・「自由＝平等」と同じとみなすことができよう。次に、互いが平等・自由の関係にあるということは、一方が他方に一方的に命令することはあり得ないということを意味するから、平等・自由は引用文にあるように法への服従と制定への参加とを等式で結びつけ、「決定と実行の分割の廃止」という自律の第二の意味を開示する。そして、第二の意味の最大の帰結は、政治的次元において議決機関としては直接民主制しか正当性を認められないということである。西洋の自由主義諸国で採用され長い間普遍性を謳歌してきた代表制民主主義は、代表者による意思決定（政策の決定や法律の制定）と代表される有権者による実行（納税や法律の遵守）という典型的な分割に基づいており、かくして実態は少数の代表者による大多数の被治者の支配に過ぎないから自由主義的寡頭制という評価になってしまうのである。さらに言えば、そもそもリベラリズムは、近代政治哲学以来国家というものは構成員にとって自己の自由や財産を侵害しかねない危険な存在、その権能を制限することこそが重要であるほどに敵対的で恐ろしい権力を備えた除去し得ない存在というイメージに捕らわれてきた。したがって、人権は正面に居座るリヴァイアサンに対する必要最小限の防壁として構想されたと言えよう。だからカストリアーディスのように国家権力の行使にすべての構成員が平等に直接参加することなど考えられない。逆の言い方をすれば、「人権と政治」についてカストリアーディスのように権力の行使としての政治は自らが行うのだという発想からすれば、人権は政治の「目的」ではないし政治から守られなければならない人権という問題意識自体がおかしいと同時に、せいぜい人権が保障されている方が自律的社会に向けての活動がやり易いという「手段」としての意義しかもたないことになるであろう。

最後に、第二の意味のもう一つの「分割の廃止」は、市民社会において、それも主として大企業の部門において問題になる分割に関係し、当該企業に勤務する誰もが等しく生産・流通に関わる企業経営事項の決定と実行に直接関わることを意味する。換言すれば、上流の経営幹部から下流の第一線の現場に至る官僚制的な階層制を廃止するということであって、反資本主義を標榜する立場の核心に関わる重要な主張である。

＊10　反資本主義

反資本主義といっても、資本主義の定義次第（何を基本矛盾と規定するかによって）で「かって存在した東欧の社会主義」を含むこともあり得る。以下に引用するようにラディカルな立場はだいたいそうである。「社会主義は、搾取と抑圧の廃止、一部の特権的な集団の支配の除去、そうした支配関係を調整する（経済的・政治的・文化的な）諸制度の破壊を意味してきた。ところでロシアの制度はすべて――中国もそうであるが――工場における機械や労働の組織から始まって軍や国家等の意向に従う新聞や公認の文学に至るまで、社会に対する特定の階層・官僚制・唯一の党の支配を伝え再生産しより強固にするためにつくられているのである。それはそうとして、官僚制化のプロセスは普遍的であり、現代社会全体に関係していると言える。すべての国の社会体制は官僚制的資本主義である。西洋諸国のは部分的な、東の諸国のは全面的な官僚制的資本主義である。注目すべき第一の確認事項。ロシアにおいては一九一七年以降官僚制は全面的な搾取階級であり支配階級として現れており、しかも逆説的に社会革命の堕落と名付けられている現象の産物としてである。ロシアにおける官僚制の到来を、ロシアの後進性・内乱・革命の孤立等の地域的で偶然な諸要素によって説明しようとされてきた。それは奇しくも今日、フランス共産党の歴史家達が二番煎じの笑劇を演じているトロツキーのテーゼなのだ」（本文の注（37）のpp.131-132）、「一九一七年以降で、人類史のどんな事件よりも社会主義者にとってもっと重要なことを考えてみよう。プロレタリアートが巨大な国で権力を奪取した。彼らはブルジョアの反革命の試みにも勝利した。次に、彼らは歴史の舞台から次第に姿を消し、新しい社会階層である官僚制がロシア社会の支配を確立し、恐怖と搾取の内で最も残酷なやり方で〈社会主義〉を樹立しようとした」（本文の注（39）のpp.224-225）、「闘争の究極の条件は、官僚制的資本主義の基本矛盾である。社会生活のすべての領域と同様に生産においても、体制は個人や集団を活動の指導から排除しそれを官僚装置に移動させようと目論できた」（Domains de l'Homme, Seuil, 1977, pp.181-182.）。つまり、カストリアーディスにとっての階級社会の基本矛盾とは、決定と実行の分割、決定する権能を独占した支配層と決定を実行するだけの非支配層の対立なので、社会主義国を名乗っていても党・国家の官僚が全権を握っていれば資本主義国家と何ら変わらないということである。

実は、この反資本主義の立場かどうかという論点がリベラル・デモクラシーとラディカル・デモクラシーを分ける境界線であるはずなのに、リベラル派にはそこを意外と曖昧にする人が少なくない。MAUSSの一〇周年記念の対論に招かれたルフォールは幾つかの問題意識、とくにメンバーである経済学者セルジェ・ラトゥーシュの立場とかなり距離があることを理由に断ったようである[40]。これに反し、運動に多くの共感を持っているとして後日の対論に臨んだカストリアーディスは、先に触れた「いかなる民主主義か？」で名指しを避けたルフォールについて本心を初めて明らかにしている。「ルフォールには民主主義の理論はあるにしても、……現代社会についての何らかの批判は彼のなかには見られない。……この社会においては人々の主要な関心はより豊かになることにあり、他のそれは生き残り愚鈍になるだけといったところに本当の問題があるのではないのか？　未規定の民主主義といった言説は素晴らしいかもしれないが、私の趣味ではない」[41]。かってソ連型の社会主義体制を官僚制の構造分析から厳しく批判し、併せてマルクスのテーゼの幾つかを篩いにかけた経歴を共にする人が、現代社会の根本問題に余りにナイーヴなのに呆れかえっている様子が想像される。資源の枯渇、生態系の危機、温暖化など地球規模ないしそれを超える環境問題を突きつけられているにもかかわらず、依然としてわれわれの関心は専ら経済に注がれ、しかもその経済とは大量生産・大量消費・大量廃棄を良しとする資本主義的想像力の所産に他ならない。そこで、カストリアーディス流に問題設定すれば、この資本主義的想像力の支配に引き続き従うのか、あるいは自ら決定し実行するという自律の想像力に基づいて新たな自律的社会構築の方向に進むのか、その選択の前にわれわれは立たされているのだ、と言えよう。

（1）M.Gauchet, La Révolution des droits de l'homme, Gallimard, 1989, p.xxiv.
（2）Cf. A. Artous, Démocratie, citoyenneté, émancipation, Syllepse, 2010, pp.36-37.
（3）Ibid., p.32.

（4）ジャック・ランシエール『民主主義への憎悪』松葉祥一訳、インスクリプト、二〇〇八年、二二ページ参照。
（5）同前訳書、二三―二四ページ。
（6）同前訳書、二五ページ。
（7）一九八〇年代のフランス・リベラリズムを扱ったわが国の文献としては、宇野重規「トクヴィルとネオ・トクヴィリアン」が注目に値しよう。トックヴィル思想の特徴である「両義性」観念を用いて英米圏との相違を浮き彫りにしつつ、切り離し得ないが背反的な傾向をもつ諸価値を分析し、その両極端の危険性と微妙なバランスの困難さを描写している。たとえば、トックヴィルの個人主義に関して、諸条件の平等の進む社会にあって析出された個人を価値ある原理として称揚しつつ、他方で他者への無関心から生じる社会的な絆の喪失・社会の解体への危険性、個人の独立の擁護と逆に強力な社会的・行政的権力の出現への懸念、といった形でその特質が整理されている。その上で同じ系譜に属するフランス・リベラリズムが自由と平等の相乗と相剋、ルソーの人民主権とモンテスキューの権力分立および個人的自律と社会的自律の両立可能性と懐疑とを解読する際の主要なポイントとして掲げている。三浦信孝編『自由論の討議空間―フランスリベラリズムの系譜―』勁草書房、二〇一〇年、二〇五―二三五ページ参照。
（8）C. Lefort, Droits de l'homme et politique, in "Libre", no7, Payot, 1980.
（9）M. Gauchet, La Révolution moderne（L'Avènement de la démocratie 1), Gallimard, 2007, p.21.
（10）Ibid., p.36.
（11）C. Lefort, L'Invention démocratique, Livre de Poche, 1981, pp.68-69. ルフォールの引用文と、フュ

レの「フランス革命は終わっている」を「人権の命題はフランス革命以来結び付けられてきた種々の政治形態とは決定的に別問題である」と解釈するゴーシェの文章とを比較することを是非とも勧めたい。もっとも、フランスのリベラリストが危惧するのは人権による現状の不断の問題化とそれによるリベラル・デモクラシーの不安定性に止まるものではない。むしろ彼らを捉えている脅威はさらに遡って一七八九年の『宣言』が国民主権の絶対性を君主主権から引き継いだこと、つまり主権を奪取することにより国民を国王から引き離しはしたが、国民を一つの不可分な存在にするためにその主権の異常に強力な象徴的誘引力をも手に入れ、しかも、国民・人民の自己統治を可能にする主権の探求を通じて直接民主制と独裁制の間を揺れ動く様を現実に見せ付けたところにある。なお、ゴーシェによれば、フランスでリベラリズムが安定するのは代表制による主権の行使が見られ始める一八一五年の立憲君主制からである。Cf. M.Gauchet, La Révolution des droits de l'homme, pp.xxv, 26, 40.

(12) A. Artous, op.cit., p.31.

(13) A. Tosel, Préface (Pourquoi resister au total-liberalisme? Vers une politique revolutionnaire de la civilite), in M-C Caloz-Tschopp. "Résister en politique, résister en philosophie", La Dispute, 2008, p.14.

(14) 今やわが国では死語に近いと思われる「左（翼）」・「右（翼）」についてその原点を念のため再確認しておくのも無用ではないであろう。「『右 droite』『左 gauche』というのは、フランス革命のときに、議長席から見ての右と左でした。……日本ではこれを右翼、左翼と普通訳していますけれども、日本語の右翼、左翼の慣用語の意味と混同しないようにする必要があります。フランスの場合には、右であれ、左であれ、主として議会内勢力についての分布の話です。議会内勢力の左のさらに左のほうには、エクストレム・ゴーシュ（極左）というのがあり、さらにもっとその左にはゴーシスト（左翼原理主義者）というのがありますし、右の外にはエキストレム・ドロワット（極右）というのがあります。……右翼、左翼と訳してしまいますと、直接行動主義者、……銃撃を加え、……焼き討ちする、……というふうなものを連想すると大間違いですので、ここではあえて『右』と『左』という言葉にしておきます」（樋口陽一『ふらんす』平凡社、二〇〇八年、一五五－一五六ページ）。

（15）Ph. Raynaud, L'Extréme gauche plurielle -Entre démocratie radical et révolution-, Perrin, 2010.

（16）Ibid., pp.7-13.

（17）É. Balibar, La Proposition de l'égaliberté, PUF, 2010, p.63, p.72.（大森秀臣訳「『人権』と『市民権』―現代における平等と自由の弁証法―」『現代思想』第二七巻五号、青土社、五七、六二ページ）。

（18）Ibid., p.63.（同前邦訳書、五七ページ）。

（19）『ユダヤ人問題によせて　ヘーゲル法哲学批判序説』城塚登訳、岩波文庫、四六ページ。

（20）É. Balibar, op.cit., p.68.（前掲邦訳書、五九ページ）。

（21）Ibid., p.66.（同前邦訳書、五八ページ）。

（22）恒藤武二訳「ルソー『社会契約論』草稿（抄訳一）」『同志社法学』第七号、昭和二六年、一三二ページ。なお、中山元訳『社会契約論／ジュネーヴ草稿』光文社文庫、二〇〇八年、三一八ページ、参照。もっともバリバールの元々の人権構想は、ルソー流の直接民主制国家よりも、ＥＵというより大規模な空間での移民や難民の問題を解決するところから出発しているように思われる。

（23）『全体主義の起源』第二巻、大島他訳、みすず書房、二八五－二八六ページ。

（24）É.Balibar, op.cit., p.68.（前掲邦訳書、五九ページ）。

（25）Ibid., p.73.（同前邦訳書、六二ページ）。

(26) Ibid., pp.74-76.（同前邦訳書、六三ページ）。

(27) Ibid., p.77.（なお、この引用文は元の「『Droits de l'homme』 et 『Droits du citoyen』」in Les Frontiers de la Démocratie, La Decouverts, 1992. から La Proposition de l'égaliberté に転載された際に付け加えられたようである。）

(28) Artous, op.cit., p.63.

(29) 『社会契約論』桑原武夫他訳、岩波文庫、七七―七八ページ。

(30) É. Balibar, op.cit., p.72.（前掲邦訳書、六一ページ）。

(31) C. Castoriadis, Quelle démocratie ? in "Figures du pensable", Seuil, 1999, pp.154-160.

(32) A. Artous, op.cit., p.76.

(33) Ibid., pp.78-79.

(34) C.Castoriadis, Fait et à faire, Seuil, 1997, p.66.（江口幹訳『したこととすべきこと』法政大学出版局、二〇〇七年、八四ページ）。

(35) C. Castoriadis, Sujet et vérité dans le monde social-historique, Seuil, 2002, pp.153-4.

(36) C. Castoriadis, Fait et à faire, pp.66-8.（前掲邦訳書、八三―八五ページ）。

(37) C. Castoriadis, Une Société à la dérive, Seuil, 2005, p.253.

(38) C. Castoriadis, Démocratie et relativisme, Debat avec le MAUSS, Mille et une Nuits, 2010, pp.95-96.

(39) C. Castoriadis, Le Contenu du socialisme, 10/18, 1979, p.26.（江口幹訳『社会主義か野蛮か』法政大学出版局、一九九〇年、四一二ページ）。

(40) C. Castoriadis, Démocratie et relativisme, p.40. ラトゥーシュの初の邦訳書『経済成長なき社会発展

は可能か？』（作品社、二〇一〇年）によれば（念のために言えば、筆者は未読）、「経済成長」こそが貧困の解決という経済学の常識に反して、有限な地球を前提に経済の規模を縮小させ必要な消費に止める「脱成長」によって真の豊かさが実現可能となる、と説いているようである。朝日新聞、平成二二年七月二二日付、掲載。

（41）Ibid., pp.41-42.

インターメッツオ

一　個人主義の昂進と人権――われわれはどこに向かうのか？

（ⅰ）一八世紀末の特権の廃止と強権からの自由を求めるフランス革命やアメリカの独立革命から、一九世紀末に至って散見され出した普通選挙権の導入による民主主義的潮流のもはや後戻りできない漸進まで、ほぼ一〇〇年をかけてリベラル・デモクラシーは確立された。一九八〇年代から今日まで市場原理主義とグローバリズムという装いの下にリベラリズムの復帰が席巻し新たな転換期となってきたが、しかし民主主義的諸価値の幾つかが毀損されただけでリベラル・デモクラシーという政治体制自体は不動の様相を呈し続けている。ただ、「リベラル・デモクラシーの歴史は、社会のなかで可能な限り自由な個人であることを願う理論と、……この見方に一九世紀中に益々明確に対立することを示し始めてきた民主主義的要請との間の、困難なジン・テーゼの歴史である」[1]とも言われているように、資本主義経済下での自由競争と代表制の下での多数者の平等要求との絶えざる争いの歴史であり、リベラル・デモクラシーの要諦は個人と社会、私的所有と一般利害、一口で言えば同じ欧米起原の価値である自由と平等の均衡を模索することに求められてきた。福祉国家の形成と解体という変遷を経ながらも先進諸国で今日最も安定した持続性を誇っているのもその点にあろう。

ところで、言うまでもなくわが国も半世紀以上にわたってリベラル・デモクラシーの政治体制を取ってきた。二大政党制や政権交代、あるいは二大政党間の対立軸の不鮮明、二世三世の世襲議員の続出による政治の家業化、国益や国家国民といったフレーズに隠れた単なる政党間の駆け引きや総理・閣僚・党役員等の人事への専心、さらには二院制でのねじれ現象（与党の思い通りに進まないのが問題のようであるが、筆者には思い通りになることの方が問題だと思われるが）とか、サブ・システムについては色々問題を生み出しているが、しかしそれに代わるラディカル・デモクラシーの主張や運動は非常に弱いと言っても誇張ではない。そうした状況の下で、現在、筆者が関心を抱いているのは、リベラル・デモクラシーの自由の尊重とその結果生じる不平等への平等主義的な対処である。シーソーのようにいずれかに揺れながらも、近代革命によって創出された「個人」の尊厳という価値原理を中心軸に自由と平等の均衡をそれなりに確保してきたという強みが、果たして文化風土の起原の異なるわが国でも通用するのかという点である。念頭にあるのは加藤周一の「日本文化の雑種性」である。彼は、その雑種性の一つの具体例と思われる自由と平等に関する日本人の意識を次のように述べていた。「日本社会の現状は、一方では平等主義の徹底、他方では個人の自由のタテマエと実際上の個人主義の不徹底に要約されるであろう。……その理由は、近代日本の歴史をふり返ることによって説明されるだろう、と私は考える。平等主義への志向は、突然敗戦後にあらわれたのでも、占領軍によって『押しつけられた』のでもなく、あらかじめ日本の歴史のなかに存在し、段階を追って制度上の改革に表現されていた」。つまり、平等は徳川時代の身分制度を打破した明治維新によって日本の土壌のなかに既に存在していた。それ故「『平等』の少なくとも一面は、あきらかに内発的である。しかるに『自由』は、『自由民権』運動の歴史があり、『大正デモクラシー』の経験があったにも拘わらず、外発的な面が強く、内発的傾向としては確立されていなかった。『押しつけられた』ものが、深く広く国民の間に浸透しなかったのは、当然であろう」[2]。日本文化に根差す平等への強度の拘りと自由への希薄な期待というこの傾向は、今日に至ってもほとんど変わっていないように思われる。

＊1　加藤周一と日本文化の特性

加藤周一は茶の湯や茶室を文化の原型にして次のような五つの日本文化の特性を引き出している。「第一、此岸性。日本の民俗信仰のなかに、『彼岸』の考えはほとんどない。多数のカミの影響は、よくも悪くも、今此処にあらわれるので、死後彼岸において作用するのではない。……第二、集団主義。『此岸』とは『現世』であり、『現世』とは、具体的には所属集団である。所属集団の典型はムラ共同体で、その特徴は、地域的であり、内外の区別が明瞭で、……。第三、感覚的世界。今此処の日常的世界は、感覚を通してあたえられる。……第四、部分主義。……全体の構造を離れての、部分それ自身への強い関心は、日本の造形美術の歴史を一貫する特徴の一つである。……第五、現在主義。感覚的な文化は、空間の全体から離れての部分に関心を集中するように、過去や未来に係わらず、現在状況にどう対応するかということに注意を向ける」（「手のひらのなかの宇宙」『加藤周一セレクション』三、平凡社、二〇〇〇年、三一一―三一八ページ）。

筆者として挙げうる論拠は毎年一二月の『人権週間』に掲げられる強調事項くらいに過ぎない。年々少しずつ増えていても、例年繰り返される事項は同じものが圧倒的に多いが、不思議に「人の――の自由を尊重しよう」とか「他人の――をする自由を侵害しないようにしよう」といった自由の重要さをストレートに訴えるフレーズに出会ったことはない。高齢者・女性・障害者・子供・外国人、といった少数者やいわゆる弱者といわれる人達の「理解を深めよう」・「人権を守ろう」・「偏見をなくそう」・「差別をなくそう」など平等な取り扱いへの注意が専らキャンペーンされている。

＊2　日本における人権意識の特徴

まず、日本では人権という言葉が日常用語として使用される場合には、専ら国家の行為に対してではなく、当然のように一般私人による行為をも含めて広く用いられる傾向がある。次に、人権のなかでも自由よりも平等に関係する人権の方が優先的に関心の対象になっている。あるいは自由権よりも実質的平等の実現を目指す社会権ないし生存権が重要視される。これは国家の積極的役割を認める二〇世紀型の現行憲法が国土が敗戦で焦土と化した時期に生まれたという事情も重なっているであろう。さらに、日常用語での人権の主たる侵害者は国家よりもむしろ国民相互である。法務省の人権擁護局に持ち込まれる人権侵害のほとんどが「私人による侵犯事件」である。警察官や体罰など教職員の職務執行に伴う侵犯事件は例年数%に止まっている（もっとも、地方法務局が上級機関に報告しなければならない「特別事件」がそもそも侵犯者として一般私人が想定されるようなケースを列挙していることにもよる）。最後に、自由主義の伝統によれば国家は自由への最も危険な侵害者であり、従って「必要・悪」の存在に過ぎないのに、わが国では一般私人による差別や不平等な取り扱いを積極的に是正する救済者であり、したがって「必要・善」の存在にまで高められている。

だから、日本のロー・スクールで「英米法」の教鞭を執るために来日したアメリカの弁護士は日本の奇妙な（思想）風景について新聞に投稿したのであった。「実は、だいぶ前から、法務省などのお役所が『人権擁護』のようなキャンペーンをしていることに、かなり違和を感じていた。英米法的な観点では、人権を侵害できる主体は、お役所以外にあまりない。だから、お役所がみずから人権擁護を主張するのは、どうしても怪しく映る。日本で『人権擁護』という表現は最近、学校のいじめ問題や職場における嫌がらせなどでの使用例が多く、日本における人権は『民』対『官』の権利ではなく、『官』から授かる『民』対『民』的なものに変換されている、という印象が強い。……」（コリン・P・A・ジョーンズ「日本型人権　国籍が保障の条件とは不思議」、朝日新聞、二〇〇八年八月一二日）。さらに、氏は「政府を対象にしている以外のものは『人権』ではなく、『権利』と『義務』のセットになる」と述べている。したがって、民間企業での性差別などは「人権侵害」ではなく、従業員への「権利侵害」として捉えられることになる（『手ごわい頭脳』新潮新書、二〇〇八年、一四二ページ参照）。

欧米起原の自由、日本の土壌に根差す平等、果たして旨く調和するのか、均衡は可能か。今後どうなるかは、次に触れる共同体から切り離された孤立する個人の行く末次第であろう。もしいつの日か連帯なり共同性が取り戻されることに成功すれば、日本での自由と平等の関係の仕方も大きく変化するものと予想できる。それまでの間の両者の関係である。というのも、単なる平等への傾斜であれば時代や状況、人々の意識の変化に応じて自由への反動が起こることがあるとすれば、もし自由への関心度が極めて弱い場合には平等の方も質的変化をきたし、同調主義・一律平等主義・画一主義と表現されるような事態──同調圧力という意味で「平等であるように強制される」といった事態──が蔓延することに成りかねない。自由は何よりも「差異」を生み出す想像・創造力であり、平等がその差異を禁圧し同じような思考・行動を陰に陽に強制するようなことがあれば、平等自体も消失することを意味しよう。平等も、根源的には差異を尊重することであり、有意味な差異を見出せないときにのみ形式的に一律平等に扱うに過ぎないのであるから。

（ii）以上は同じようにリベラル・デモクラシーという政治体制を取るわが国とフランスとの一つの相違を念頭においた問題点であるが、次に先進的な現代社会として共通に直面している重大な問題、つまり共同体の崩壊と「自己への配慮」に専念するナルシシスト、公共領域に背を向け私生活優先主義に浸る個人、いわゆるポスト・モダンの問題に触れて終わることにしたい。

さて、生物多様性保全の重要性が強調される昨今であるが、こんな種もいるのかと最近のわが国で吃驚することが多い。最も身近で安全な砦のはずの家庭で、到底一人では生活できそうにない百歳を超える老人が何百人と行方が分からず、しかも家族もそれを心配している様子もない有様。かといって同じスペースに住んでいると安心かと言うと、自分の気の向くままに好きなことをしたい、自分の産んだ子供が泣く・食べる・汚すとただ邪魔になるだけ、殴る蹴る・食事を与えない・風呂での水責め、まるで戦前の特高警察並みの拷問。子供の方も大きくなると放火・刺殺・撲殺による復讐。監視・支援・相談の相手となる地域の底力（そこぢから）の弱体化も嘆かれるが、個人情報の保護とやらで他人の事情は分からず、うっかり親切心を起こすといらぬ干渉・お節介だとお目玉をもらうだけ。良かれ悪しかれ、かって家族と同質の目で見られていた会社は、役員・従業員・顧客・取引先等を含めた運命共同体から株主・高額報酬の役員の利益共同体へと変質。何とも殺伐とした風景であろう。まさに家族・地域・企業などこれまでの主な共同体の解体・崩壊である。もちろん、すべてがネガティヴ一色に染め上げられているわけではなく、天高くこの世を謳歌している人達も結構沢山数えられることは言うまでもない。ただ「無縁社会」という言葉の流行は、この社会の深部が病み始めている致命的な症候であることに間違いないであろう。

フランスでもご多分に漏れず個人主義の行き過ぎが深刻な問題になっているようである。たとえば「現代の個人は自己自身に閉じこもった機械、他人との関わりなしに成長したかのような幻想によって育った一種のアトムである。消費者としての好みを充足させることにのみ専心しているこれらの個人は、不安定で家族的・社会的・政治的関わりに信頼をおいていない。諸々の要求を増大させることだけに陶酔して、彼らは常に新しい権利という形式で自分たちの望みが叶えられるのを見ようとしている。……快楽主義者、要求するだけの人、消費者、今の人達は自分たちを造り上げてきたものを少しずつ失っていくようである」[3]。あるいは「近年の青年達は『権利』を絶えず強調するが、自分たちの責任は意に介さない。民主主義のための闘いは『常にもっと多くの権利』のためであると言ったフランスの哲学者の文句を思い出すが、果たして誰に向かっての権利なのか？」[4]。これらはモナドとしての「自己である権利」を徹底して追及する現代の個人を批判的に扱った文献にほとんど共通に見られる描写の一例に過ぎない。その反面、階級・大衆・人民・国民といった組織や集団にかかわる表象は軒並み評判が悪い。以前と余り変わらないプラス・イメージを多少でも残しているのは、せいぜい生活防衛やアイデンティティーに関係する労働組合や民族、宗教団体くらいではないのか。

＊3　一九八〇年代のフランスで噴出した新しい人格権の要求

（1）「生命への権利と死への権利」（具体的には、妊娠中絶・自殺・安楽死の問題）、（2）「自分自身である権利」（異なった存在である権利として同性愛・性転換・裸体への権利の問題)、(3)「周辺にいる権利」(家とか地域に閉じこもる権利として集団に参加しない権利・怠惰への権利・差異への権利)、(4)「肉体や快楽への権利」(賭博や遊びへの権利、必要性に対する自由の権利としての遊びへの権利、つまり必然性に対する自由の勝利)、(5)「環境への権利」(健康への権利から出てくる生命の諸条件を守る権利)、(6)「静寂への権利、空間への権利」、(7)「時間への権利」(物をもつ社会よりも在るということを優先させるために生活する時間を重視する権利)、(8)「幸福への権利」(生命・愛情・自由への権利)、(9)「子供への権利」等々である(J. Robert, Libertés Publiques et Droits de l'Homme, 1988, pp.54-56.)。その外に「生存への権利」、「住宅への権利」、「労働への権利」、「都市への権利」、あるいは人種差別への反対や滞在許可証をもたない人々の権利等を付け加える研究者もいる。

(iii)とは言え、人間は両義性を備えたもっと複雑な存在なのではないだろうか。確かに現代の個人は「状況のなかに位置づけられた自分」、自己を取り巻く自然や社会、他人と共有する価値によって形成されてきたことを無視する傾向にあるが、しかし文字通りの自給自足は不可能であり経済的・社会的世界に大方依存せざるを得ないこと、絶えず不安な気持ちに苛まれ他人の賛同や承認を求めていることもまた否定し得ない事実であって、「自己への配慮」に腐心しているとしても決して「前社会的・非社会的」存在ではない。したがって、優柔不断であれ社会的活動や多様な集団への参加に全く背を向けているわけでもないようである。どちらかと言えば「現在の文化は自己であることに、また私的事項に関する自己決定に価値をおいているが、多くの個人は必ずしも旨く立ち向かえているとは言えない。むしろ真正であろうとしたり、自己を実現しようとして却って意気消沈することの方が多い。自分自身であることに疲れているとも言えよう」[5]。家族や学校、地域や企業での監視・拘束・命令・権威からは解放されたい、しかし他方で万人が自分と同じように自由放縦に振る舞えば、むしろ一層不自由な状態が容易に思い描かれる。当然のこと、多くの人と一緒に生活しなければならない、しかし自分自身を失いたくないし、他人の意思・評価に左右されたくはない。この間で揺れながら、われわれはある時には自己を過大に主張したり、別のある時には安全や秩序を必要以上に強調するのではないだろうか。確かに、リベラル・デモクラシーはこの両方の揺れに対する調節装置を内包した政治体制なのであるが、もっと上手く共存を可能にする方法は外にないのであろうか。

もう一つ考えられるのがラディカル・デモクラシーである。個人か社会かというパラドックスに陥ることなく、自己が一構成員である社会の運営に自ら参加する道である。「法にしたがう人民が、その作り手でなければならない」[6]というルソーの直接民主制の核心を表すフレーズにしたがえば、公共の事項を人任せにせず自ら行うこと。公共の場での審議を通じてこそ、自己への配慮も自分だけが勝手に宣言することで終わるのではなく、他人と共に熟慮し審議することによって自己と他人への配慮を平等に手にすることができるのである。しかし、万人が公共の場に赴き、審議に加わり、決議して自分たちの従う政策や法律を通過させるためには、当然各人から多くの時間を奪うだけでなく参加の空間（規模）、情報の伝達等多くの問題がある。果たして実現可能な方法なのか。ごく最近目にした新聞記事に次のような興味深い話があった。週休三日を自らも実践するある会社経営者は、二〇一〇年に約五〇〇兆円ある国内総生産（ＧＤＰ）の半分（なお、安倍政権は二〇二〇年頃に六〇〇兆円にするとの目標を二〇一五年一〇月に「新三本の矢」で掲げた）、それが（この本書の出発点とした）一九八〇年頃のレベルにほぼ等しく、それで我慢すれば環境の保護も経済の持続性も三日間の「晴耕雨読」も可能だと述べている。[7] 換言すれば、諸々の自由を宣言した一八世紀末の政治革命から一九世紀の産業革命を経て、二〇世紀の二つの世界大戦による軍事技術を産業に応用して得た豊かな消費者革命、そして二一世紀前後からのＩＴ革命、この経済優位・経済優先主義・経済第一次性の近・現代史を政治的意思決定によって根本的に転換すればもっと大量に自由時間を確保することも可能であろうし、またそうすべき瀬戸際にきているのではないであろうか。[8] もっとも、政治的意思主義を認めることはリベラリストにとってはジャコバンの独裁主義を想起させる最も恐ろしい選択であろう。それ故、激情を抑制する理性を備えた（と称する）代表制と多数者の利益を犠牲にしても守られるべき人権を二本柱にしてきたのである。

ただ筆者はリベラリストとは異なる信条をもつが、他者への強制力を独占する権力にはそれに相応する人権を侵害しないという内在的制約が同時に存在するのではないかと考えている。力の支配する世界では人権が紙に書かれていても究極的には何の足しにもならない、という皮肉な現実に事欠かないこともまた真実ではあるにしても。しかし、それだけに、あの記事にある経営者のように現状から距離をおくことの可能な人が可能なところで少しでも「別の生活スタイル」を実践することで、その可能性と優位性・有意性を示すべきであろう。

(1) S. Berstein (dir.), La Démocratie liberal, PUF, 1998, p.5.
(2) 加藤周一「自由と・または・平等」『加藤周一セレクション』五、平凡社、一九九九年、三四二－三四五ページ。
(3) M. Canto-Sperber, Le Liberalism et la gauche, Hachette, 2003, p.102.
(4) C. Castoriadis, Figures du pensable, Seuil, 1999, p.178.
(5) M. Canto-Sperber, op.cit., pp.104-105.
(6)『社会契約論』桑原武夫他訳、岩波文庫、六〇ページ。
(7) ビル・トッテン談話「縮む経済、『晴耕雨読』奨励」(リレーおぴにおん) 朝日新聞、平成二二年一〇月七日付、掲載。
(8) 一九九七年に亡くなったカストリアーディスの未来へのメッセージを引用しておきたい。「資本主義の〈豊かさ〉は、三〇億年の間の生物圏の資源をもう今や取り戻し得ないほどに——しかも一層加速されたリズムで——消尽することによって購われたものである。……今やわれわれは政治問題の核心に当面していると言える。自律的社会は共同体の自律的な活動によってしか形成することはできない。そうした活動は人々が新しいカラーテレビを買うよりももっと〈別のこと〉にエネルギーを振り向けることを前提にしている。もっと根本的には、民主主義や自由、共同事項への愛着が気晴らしや良識に反する態度、大勢順応主義、消費志向への流れに取って代わることを予定しているのである。なかでも特に〈経済〉が排他的で支配的な価値であることを止めることである。……社会の変革のために〈支払うべき対価〉、自律のために支払うべき対価、それは中心的で且つ事実上唯一の価値になっている今あるような経済を破壊することである。……もし人類が堅固で持続的な状態でこの地球で生き続けたいと望むのであれば、資源の慎重な管理、技術と生産の根本的な抑制、〈質素な生活〉を受け入れなければならないであろう。……そうしたことは、目的としての経済という忌わしい役割を廃し、人間活動の単なる〈手段〉という本来の場に置き戻すという別の意味作用を付与することを通じて、民主主義的に組織された人間の共同体により自由に行われるであろう。……われわれに必要なことは、すでに在ることにではなく、あり得ること、あらねばならないことなのである」C. Castoriadis, Fait et à faire, pp.76-77.（前掲邦訳書、九六–九八ページ）。

二　人権と国家の両義的関係——近代政治哲学のパラドックス

一九八〇年代以降、一方ではネオ・リベラリズムによって国民は国家から見放されてもそれを個人的力能を最大限発揮しうる人権としての自由の領域の拡大として歓迎しながら、他方ではしかし、現代的貧困の解決という個人だけでは充足できそうにない諸々の要求の実現を国家に求めていくというパラドキシカルな状況が生まれた。たとえば、フランスにおいては、『社会国家から人権国家へ？』（二〇〇七年）という著書の中で社会学者のC・ベックは、三〇年来のネオ・リベラリズムへの重大な転回の結果、社会国家（福祉国家とほぼ同義）の弱体化（とりわけ集団による集団のための諸要求からの国家の解放という意味での社会権の衰退を含む）が進行しつつある反面、この現象のもう一つの面として現れている個人の尊厳を中心概念とする人権哲学が、集団への権利の配分をも含む形での新しい政治の参照枠になりつつあることに注意を喚起している[1]。わが国では、「新自由主義的国家再編と民主主義法学」の課題に取り組んだ民科法律部会の学会において、その総論的報告の中で晴山一穂は法理論上の課題の一つとして、ネオ・リベラリズムが「弱肉強食・優勝劣敗の自由競争を促進し、格差の著しい拡大と社会的弱者の切り捨てを生み出すものであること」を批判しつつ、「私の報告は、国民の権利保障に果たす国家の役割を重視し、その観点から国家機能の民主的拡充強化の必要性を強調しようとするものであった。しかし、このような立場に対しては、当然のことながら、国家機能の肥大化やパターナリスティックな国家介入を警戒する立場から、国家機能の拡大には慎重であるべきであるとの批判が予想されるところである」[2]と述べている。フランスの例がネオ・リベラリズムの支配する国での国民の人権意識の背反的傾向を指摘しているのに対し、後者では社会的弱者への差別解消に向けての研究方法や課題へのアプローチの仕方における矛盾的性格が対比されており、レベルは異なるものの、人権と国家の関係をめぐる両義的関係、すなわち国家は人権の侵害者として専ら想定されているのか、それとも人権侵害に対する救済者ないしは人権として主張されているものを実現する機関として想定されているのか、その問題が端的に表出されているという点では共通していると言えるのではないか。

しかし、同一の国家が全く相反する機能を担うものとして立ち現れるこのパラドックス状況は、ネオ・リベラリズムの吹き荒れる極めて現代的な現象のように見えるかもしれないが、その原型は人権と国家の関係を初めて問うた近代政治哲学の中にあり、それがいずれかの機能に重点を移しつつ民主主義革命を通じて近代国家へ、さらに自由民主主義の下で受肉化される福祉国家を経て、今日のネオ・リベラリズムにおいてもまた同様にリレーされてきたに過ぎないのだとも言えよう。そうした流れを踏まえて、本章では、第一にパラドックスあるいは両義性の問題自体について、第二にネオ・リベラリズム時代における両義性の現れとその特徴点を、そして第三に両義性のいずれが重視されるかの問題に関し、わが国とフランスを念頭におきながら、また本文の外に〈注〉でも筆者のかなり一方的な結論を述べてみたい。

(二) 近代国家をめぐるパラドックス——人権の味方であり敵でもあるのか——

(i) 人権と国家の関係をパラドックスとして近代政治哲学のなかに読解しようとしたのはカストリアーディスである。その政治哲学のなかでもカストリアーディスがとりわけ何度も言及しているのはルソーの人権を守るために形成される際の国家の結合契約の内容である。恐らく両者に共通する直接民主制を実現した時期の古代ギリシャへの愛着がそうさせるのであろうが、まずは次の文章を読んでみることにしたい。

「ルソーによる問題の定式化はこうである。『各構成員の身体と財産を共同の力で守り保護し、各人が万人と結びつきながら自分自身にしか服従せず、以前と同じように自由であるような結合形式を見出すこと』。ルソーが自分の問題意識を明確にしようとする際に、見たところ彼の心を強く引き付けている第一の事柄は各構成員の身体と財産を『守り』、『保護する』ことである。どうしてか？ 関心事として当然とは言えまい。彼自身が迫害されていたからだろうか？ たしかに『社会契約論』を執筆していた一七六〇年頃は、国王が令状によって投獄や追放を命じることのできた時代である。しかし、何よりもっと根本的な理由として近代政治哲学の不運とも言いうることがある。すなわち、この哲学は白紙状態に基づいて社会契約を打ちたてようとする時でさえも、リヴァイアサン、つまりそこに在り、取り除くこともできず、それに対して人権や『権利章典』を通じて個々人を守り保護しなければならないような国家というイメージからいつも出発して推論している、ということである。……ルソーの思考の本質は『それによって各人が万人と結びつきながら自分自身にしか服従せず以前と同じように自由であるような結合形式を見出すこと』である。それこそがルソーの問題であり、政治思考の領域で栄光に値することである。『各構成員の身体と財産を守り、保護すること』と述べることは全く必要ないのである」[3]。

少し回りくどい表現だが、周知のように近代政治哲学あるいは社会契約論は、各人が人間本性上もっているとされる自己の生命、自由、財産等の権利を「守り」、「保護する」ために相互に国家を形成しようと契約を締結するという理論である。そこまではいいとして、カストリアーディスが問題にしようとするのは、誰に対してかという問題であり、人権宣言、権利章典、憲法上の人権規定において人権を守り保護しなければならない相手として実は国家が想定されている、というパラドックスである。人権を守るという目的で形成されたはずの手段としての国家、その国家が逆に人権の侵害者としてイメージされているとは！　これが不運なパラドックスでなくして何であろうか、というわけである。

重なるが、大事な点なので確認のために別の文章も見てみよう。いわゆる消極的「自由の展開と実現は『形式的』、『手続き的』な措置を含めて制度上の措置――個人の権利（権利章典）、司法的保障（法の正当な手続き、罪刑法定主義）、権力の分割等――を前提にしていることは言うまでもない。しかし、そこから出てくる諸々の自由は、厳密に言えば、防御的なものである。これらの措置はすべて、集団に無縁で移動させることも動かすこともできず、可能な限りその権能を制限することが重要であるほどに敵対的で危険な権力が存在する、ということを前提にしている。これは近代政治哲学とみなされているものの中でほとんど一般的な暗黙の原理である。そこにあるのは国王を前にしてのイギリス下院の暗黙の哲学、アメリカ憲法の起草文書の明示的立場に外ならない」[4]。さらにダメを押しておこう。「近代の政治的想像においては、国家は取り除くことのできないものとして現れる。フランス革命にとってさえ同じであって、あたかもパラドックス以上の状況にあるかのように近代政治哲学にとっては除去不能のように見えるのである。すなわち、自由を懸命に考えようとしながら国家を正当化しなければならないのだ。自由の否定の上に自由をおくこと、あるいは自由の主要な敵にその守護を委ねようとするところに問題があるのだ。この二律背反は恐怖政治の下でその絶頂に達する」[5]。確かに興味をそそられる指摘ではあるが、政治哲学者とカストリアーディスとの間に少し問題意識についてズレがあるように見える。

（ii）とはいえ、簡単にカストリアーディスの誤読・誤解に基因するとは言えないであろう。現にわが国の憲法学においても同様の理解が一般的なのである。たとえば、フランスの人権宣言（論・史）にも造詣の深い辻村みよ子氏は、直接に近代政治哲学に触れているわけではないが、その理論構造を忠実に反映していると思われる以下のような論旨を展開している。「憲法は国家の根本秩序を定める法規範であり、他の法規範の基礎となる根本法であるところから、法規範全体の基本価値を明確にするものでなければならない。とくに、近代的意味の憲法（および現代的意味の憲法）においては、人間の尊厳に由来する『個人の尊厳』原則に基づいて個人の自由や人権を保障することが、憲法の基本的な目的であり、憲法の存在意義である。そのために、統治の構造は人権保障の目的に仕えるものでなければならず、憲法の諸規定もそのような基本価値に適合するように解釈されなければならない」[6]。ところが、他方で「憲法は、国家の基本法、国家や公権力の組織を定める法規範として定義されてきた。……そして、国家をめぐる諸理論には（以下に見るように）差異があるが、いずれの場合も、成立した国家の権力をどのようにコントロールするかが重要な課題となり、権力をコントロールするための立憲主義の在り方が問題とされる」[7]と言うのである。記述されているように、もし国家という根本秩序の設立目的が人権を保障することであり、しかも根本秩序を定める憲法は国家をコントロールすることが目的であるとするならば、人権にとって国家は自己の味方なのか、それとも侵害の恐れの最もある敵なのか、いずれなのだろうか。単純に順序を逆にして、憲法でコントロールしなければならないような国家を、なぜ人権の守り手としてわざわざ形成しなければならないのであろうか。カストリアーディスであれば、結論は憲法学者とほぼ同じように、現にある国家は構成員の手を離れた権力であり、したがって人権にとっては敵なので、それを押さえつけるのが憲法の存在理由であると、もう少し端的に説明するであろう。

ところで、そもそも社会契約論が自然状態を非国家状態としてイメージする際の問題意識として、自然状態を脱出する目的、すなわち国家を形成する目的及びその目的を達成するための手段・方法を明確にする意図があったとするならば、自然状態において所有していた人権を守るために国家を形成し、しかもその国家は人権を侵害する危険なところがあるので憲法によってコントロールしなければならないというのであったとすれば、一体何のために国家を形成するのか。むしろ自然状態に止まっていた方が良かったのではなかろうか。このようなパラドックスに見舞われるところに近代政治哲学のカストリアーディス的な読解が生じる理由がある。こうした隘路を抜け出すためには、原点に戻って近代政治哲学の論理をもう一度辿り直してみることである。筆者はむしろそこにパラドックスを生み出すもう一つ別の源泉が見出せるのではないかと考えている。それには、カストリアーディスのようにルソーから出発するよりもホッブスやロックの方に立ち返った方がよい。

（iii）さて、有名な『リヴァイアサン』によれば、自然によって心身の活動力を平等に造られた人間は同じような対象を意欲し、しかし対象物の希少性故にすべての人が享受することは不可能であり、われこそ手に入れようと互いに敵とならざるを得ない。その結果、自然状態においては「各人の各人に対する戦争状態」が存在することになり、「自然的には各人はあらゆるものごとにたいして権利をもつ」[8]から、この状態においては相互の身体に対してさえ権利を有するという自己保存権の行使によって継続的な恐怖と暴力による死の危険とが存し、人間の生活は孤独で貧しく険悪で残忍でしかも短いものにならざるを得ないような状態であると描かれている。[9]そこで人々を平和に向かわせることになる諸情念に依拠し「人々は平和に向かって努力せよ」[10]という基本的自然法の発動により、自己保存のためには何をしても良いという自然的諸権利を全面的に譲渡して絶対主権の国家を形成することになるのである。つまり、ここでは生命とか自由といった自然権なり人権を「守り」、「保護」しなければならない相手は、国家ではなく同胞たる自然人である。未だ国家が存在しない段階だから当然と言えば当然である。ただ、ホッブスの論理では、国家形成に当たって各人は自然権を全面的に譲渡するので、形成後の国家は権利などを守り保護する必要はない。その点ではパラドックスは生じない。しかし、戦争状態での殺し合い奪い合いをなくすという意味では国家は各人の生命自由、財産の救済者である面をもつことは否定し得ないであろう。

ロックの場合は些か複雑である。「もし人が自然状態において、……それほど自由であったとすれば、またもし彼が自分自身の一身および財産に対する絶対の主人であって、最も偉大なものと同じであり、かつ何人にも服従することがないとすれば、何が故に彼はその自由を捨て、……他の権力の支配統制に服するのであろうか。これに対しては明らかにこう答えることができる。自然状態においてはなるほど彼はそういう権利をもっているけれども、しかもその享受ははなはだ不確実であり、絶えず他の者の侵害にさらされている。というのはすべての者が彼と同様王であり、各人が彼と平等であって、そうして大部分は衡平と正義とを厳密にまもるものではないのだから、この状態においては、彼の所有権の享受は、はなはだ不安心であり、不安定である。それ故に彼はたとえ自由であっても恐れと不断の危険とに満ちている状態を進んで離れようとするのである。彼が彼らの生命自由および資産、すなわち総括的に私が所有と呼ぼうとするものの相互的維持のために、すでに結合しまたは結合しようと望んでいる他の人々と、社会を組成することを求めかつ欲するのは、理由がないことではない」[11]と。コメントの必要はほとんどない。ロックの場合も自然状態にはこれを支配する自然法があって、これに耳を傾けようとしさえすれば何人も他人の生命、健康、自由または財産を傷つけるべきではないということを教えているのであるが、それを聞こうとしない人もあって所有権の享受は不安心であり、また公知の法（立法）・それに関する公平な裁判官（司法）・その判決を執行する権力（行政）がないために同様に所有権の享受は不安定なのである。したがって、同胞という他人による自然状態での生命自由、財産といった所有権の侵害から安心・安定を得るという目的のために国家を形成する必要を感じるわけであるから、国家は正に救済者として現れる。とはいえ「自由を捨て、……他の支配統制に服する」ものの、その支配が暴政にまで至ると抵抗する権利が行使されたり、統治の解体といった事態も想像されている。したがって国家の侵害者としての像も考えられているので単純明快にはいかない面がある。

前にも述べたが、同一の国家が人権の救済者（味方）であり且つ侵害者（敵）でもあるという全く相反する役割を期待されている点に近代政治哲学のパラドックスがあるとし、「自由の否定の上に自由をおくこと、あるいは自由の主要な敵にその守護を委ねようとするところに問題」があると見るカストリアーディスのような読解と、それとは違って筆者のように、私人間というか自然状態にある同胞の自然人の間で自然権・人権が侵害されないように「守り」、「保護する」という目的のために国家が救済者として形成されながらも逆にその目的を逸脱して国家自体が侵害者として現れることもあり得ると見るもう一つのパラドックスの読解（ロックの場合について）とがあり得る。自己と国家との関係だけで国家が味方でありまた敵でもあるというのではなく、自己を害する他人との関係では国家は味方であり、他人および自己と国家との関係では敵ともなりうる、ということなので論理上の矛盾ではない。それにしてもホッブスにしろロックにしろ彼らの念頭にまずあるのはカストリアーディスの理解するような国家ではなく、眼前に展開している一七世紀後半の宗教紛争であったり初期段階の資本主義下での利害対立といった社会構造における厳しい階級・階層間の分割であったはずである。国家像は紛争や対立をどのように把握したかによってむしろ後から描かれたものと読解すべきであろう。いずれにしろ近代政治哲学における国家は、国家と個人の間の個別の関係のみを要素とするのではなく、社会構造的には身分制社会であったり、近代市民社会の初期であったりする個々人の間の社会関係を調整するという役割――それも公平な第三者（自由主義の見方）としてかあるいは公平を偽装した第三者（マルクス主義の見方）としてかということになるが――のために創出されるのであり、それも将来の国家構成員同士による社会契約によってなのである。

(二) ネオ・リベラリズムの到来と両義的関係の変容
――権力の制限から政治の参照枠に――

(i) 前に述べた趣旨に些か反することになるが、カストリアーディスが近代政治哲学の不運として再三再四言及している「この哲学は……リヴァイアサン、つまりそこに在り、取り除くこともできず、それに対して人権や『権利章典』を通じて個々人を守り保護しなければならないような国家というイメージからいつも出発して推論している」という不動の国家のイメージについては、一七・一八世紀の政治思想家たちにとっては止むを得ない現実的根拠もあったように思えるのである。端的に言って、近代政治哲学・近代国家・近代民主主義革命といった用語が彼らの思想を言い表す際に割り振られてはいるが、この歴史段階ではまだ王政もあり身分制も存続していた。というよりもそちらの方がポピュラーであった。カストリアーディス自身も「国王を前にしてのイギリス下院の暗黙の哲学」と皮肉っているように、当時においては政治的に最も先進的であったイギリスでさえそうであったのだし、直接民主制を提唱したルソーも法律の執行を担当する政府の形態については、民主政に関して「もし神々からなる人民があれば、その人民は民主政をとるであろう。これほどに完全な政府は人民には適しない」[12]と述べて、国家の規模に応じて「王政」、「貴族政」、「混合政府」等々様々の政府形態を許容しているのである。もし、現に存在し不動のイメージをもって見られた王政の国家に社会契約の結果形成される国家とが重ね合わせてみられることになれば、人権の保護のために形成されながらも国家は危険な侵害者としても想定されることになり、人権の確保は国家による恣意的支配の排除、国家権力の制限に求められることになっても当然であろう。ということは、逆に言えば民主主義をとり入れた自由民主主義のあるいは福祉国家の時代になれば、国家の人権を保護したり人権要求を実現したりする機能の方が重大視されはじめる、ということを意味しよう。さらに、その歴史的変化が八〇年代から今世紀初めにかけての市場主義へと繋がる諸々の出来事のなかに読み取れるように、ネオ・リベラリズムというリベラル・デモクラシーの前半の方に重点がおかれる時代になると、もう一度反転して人権と国家の両義的関係にも多少歪みが現れてくるようになる。

先にも触れたベックは八〇年代以降の人権要求が「――への権利」の増大の中に象徴的に現れているとし、「自己の身体の尊重への権利」、「相違への権利」、「生存への権利」、「住宅への権利」、「労働への権利」、「都市への権利」、「健全な環境への権利」等を摘記している。どの権利もみな権利主体・権利の内容・義務主体が明確ではないし、国家の側にどの程度の実効性を期待しうるのかも必ずしも明確ではない。唯一はっきりしているのは、二〇年来の「この質的変容を理解する鍵は、人権の機能・人権の位置・それに付与される射程距離の変容における位置づけである。人権はその実効性が警戒を要する権力の恣意に対する城塞では最早なくなったということ。人権はそれとの関係で公的行為が方向を決めなければならない参照枠、政治的介入の評価基準になったということである」[13]。国家は人権の侵害者としてよりも実現者としてむしろ期待されるように性質を大きく変えたということ。これだけは明確であるが、しかしその上で指摘しなければならないのは重心の変化を促した要因である。いままで取り上げてきたリベラリズムの再生、個人主義の昂進の外に、民主主義の定着をここで最も重視しなければならないであろう。政治哲学者たちの言外に人権の侵害者としての国家を想定したとカストリアーディスが読解したのは王政が支配的であったのが一因だが、一九世紀末から二〇世紀半ばにほぼ実現を見る法制上の男女普通選挙制と第二次大戦後の高度経済成長を背景にしてリベラル・デモクラシーが政治的に開花した頃には、国家はデモスが主人公の民主政であり、それまでの自由主義を取り込んだリベラル・デモクラシーとして国家はこれまで通り恐れられる存在であるとともに、いやそれ以上に自分たちの要求を実現する道具として捉えられるようになったのではないのか。いずれにしろ、筆者の読解するもう一つのパラドックス（繰り返すが、人権侵害の恐れのある国家に対して同じ国家が守り手でもあるとする読解ではなく、厳密には両義的関係に過ぎないが、国家を人権侵害の恐れある存在として捉えるだけでなく、他人という同胞が自己の人権を侵害する場合には救済者として、また他人を含めて自分たちの共通の要求を求める際には人権の実現者として国家を求める、という私人という第三項を入れた読解）は、一九世紀後半から二〇世紀の中頃にかけて定着することになるリベラル・デモクラシーの下においてより明白になるのである。

（ⅱ）『自由民主主義』の序文で編著者のS・ベルステアンが「自由民主主義の歴史は、社会のなかで可能な限り自由な個人であることの優位性を願う理論と、当初は革命的であったが間もなく急速に保守的となったこの自由主義の見方に対して一九世紀中に益々明確に対立することを示し始めてきた民主主義的要請との間の、困難なジン・テーゼの歴史である」[14]と述べているように、一七世紀から一九世紀の自由主義（権力の制限による国家からの自由）、二〇世紀の自由民主主義

（自由権と福祉国家による社会権）、二〇世紀最後の四半世紀のネオ・リベラリズム（個人の自由と抽象的な集団的要求）という必ずしも一直線的に進むわけでもない展開のなかに確かにジン・テーゼの困難さを読み取ることができる。筆者はこの時系列が念頭にあって、人権の原点は自由権であるとの理解に基づき、日本における人権意識の特徴を次の三点にまとめて何度か提示した。第一の特徴は、日本では自由よりも平等の方に関心があること。第二に、人権の主たる侵害者は国家よりもむしろ国民相互である。最後に第三の特徴として、国民が侵害者として想定されれば人権の救済者として現れるのは国家以外にない、ということである。[15] 要するに、毎年一二月の人権週間の折りに法務省人権擁護局のホームページにあるように、国民の間に蔓延している差別意識の解消を政府が先頭に立って呼びかけている、という構図である。これを前にするとやはり国家の侵害者の面を自覚した人権の祖国と違って日本人には欧米的な人権感覚が乏しく、日本に土着化する際に「お上」である国家を専ら救済者として捉えるように人権観念が変容したとでも言いたくなる。

ところが、そんな気持ちの意表をついて日本国民の人権感覚はむしろ正常であり決して意識が遅れているわけでもない、と全く逆の肯定的・積極的評価を下したのが高橋和之「現代人権論の基本構造」である。逆転する評価の前提にあるのは、理念としての人権（「個人の尊厳」により個々人すべてに平等に自己の最善と考える生き方を可能にする権利）と実定法化された人権とを区別した上で、さらに後者については具体化された実定法の論理による制約を受けるとした二点である。ここで問題となるのは後者で、国家と個人の関係に関わるだけの憲法上の人権と私人間の関係を規律する民法上の人権とがあり、「民法に実定法化されれば、その人権は民法の論理、たとえば名宛人を私人とするという論理に拘束されるから、名宛人を国家とする憲法に実定法化された場合とは異なる性格を受け取ることになる」[16]。そして、人権という言葉に触れるや即憲法上の人権を専ら思い浮かべる習慣に対して「特に本稿で強調したいのは、国民の人権感覚において、人権問題が多くは私人との関係において意識されているのはノーマルな事態であり、人権が国家に対する防御権であるという観念は特殊憲法的観念であることを自覚すべきだということである」との重要な指摘である。[17] 確かに、私人も同じように私人である他人の人権を守るべきであるという根拠（法律という法形式の採用による実定法化）を第三者的効力・私人間効力といった憲法学上の迂回路を通じずに単純明解に示し得ている点で筆者も頷くことができる。その上、勤め先やそこでの同僚や男女の付合い、地域での隣人との助け合いやいざこざ、学校や病院その他諸々の施設での扱われ方などが日常生活の大半を占める一般人にとっては、横並び意識というか差別意識に殊のほか敏感なわが国に思いを馳せると、国家との関係における自由よりは私人間の関係の方がより深いという指摘についても同意しうる。しかし、それだけで私人間の人権感覚をまず意識するのがノーマルであるという点については、筆者にはまだ納得いかないところがある。[18] ただ筆者の想像力を掻き立てるのは、民法は社会契約論の描く私人間の人権侵害を救済する国家像を基にしているのに対し、憲法には私人の人権を侵害する恐れのある国家像、その権力を制約する立憲主義の役割という分業論があるのではないかという点である。果たして、自然権・人権の確実な保障という共通の目的を持ちつつも、次の第二部で詳しく触れるように、社会契約論と立憲主義のもつ異質の論理（取りあえず簡単に述べておけば、前者は国家の正当性の根拠を、後者は正当な国家による権力の不当な行使への危惧を表明している）をいとも容易に、異なる領域における役割分担ということで一貫した説明がつくのであろうか。

（三）直接民主主義樹立のプロジェクト——パラドックスの解消か存続か——

（i）本章は、カストリアーディスによる近代政治哲学の孕むパラドックスの指摘から出発したが、引用文にもあったように彼はルソーの結合形式から、自己の身体や財産に関する人権を守るなどの条項を不必要であると考えている。もしそれが正しいとすれば、本章の表題である関係性の一方は不要となって削除され、問題自体が消滅する。それに止まらず、カストリアーディスは国家と権力を切り離す言説を展開しており、それも正しいということになればもう一方も不要となり、本章の問題は終極的に消失の不運（好運？）に見舞われる。人権と国家、この二項をめぐる彼の議論を素材に問題の所在をさらに確かめてゆきたい。

カストリアーディスが社会契約論の眼目である身体や財産などの自然権を守るためという目的条項は不必要であるとしているにしても、しかし彼自身の「権力」概念を細かく検討していくと、それほどの隔たりがあるとは思えない。たとえば、ロックにおいても同胞の Property を守るべきだという自然法があるにもかかわらず違反する者がいるため国家を形成する必要が生まれたように、実はカストリアーディスも同様の論理を展開している。「すべきこととすべきでないことに関して制裁を伴う決定を行いうる明白に制度化された機関の必要性、すなわち立法し、〈執行し〉、争訟を解決し統治する機関が必要である」[19]と。すなわち、どんな社会においても「そのままにしておいたら必ずしもしなかったかもしれないことをさせるように、あるいはしたかもしれないことをさせないようにする能力」と定義される権力の存在[20]、この「すべきこととしてはならないこと」に関するより細部の決定――この際、人の自由や平等を尊重すべきである、人の自由や平等を侵害してはならない、あるいは人の身体や財産を守るべきである、といった格率を仮に想像してみよう――を守るべきであるにもかかわらず違反する者がいるためにロックの国家に当たるような権力が必要となる。さらに、「すべきこととしてはならないこと」の具体的な内容を定める立法権(「諸法を制定」)、諸法を執行する行政権(「執行」)、それに違反したかどうかを判断する司法権(「紛争を解決」)が「制裁を伴う決定を行いうる明白に制度化された機関の存在」[21]に属し、ロックの自然状態の不便を国家の三つの機関が解消するべく予定されていたように、カストリアーディスの構想においても権力の機関が社会の存続を可能にしているのである。

次に、政治思考の領域で栄光に値するとの絶賛を与えられた「各人が万人と結びつきながら自分自身にしか服従せず以前と同じように自由であるような結合形式」というルソーの命題についてはどうであろうか。カストリアーディスは国家が国家機構として制度化された場合にこの言葉を付与したいと提唱し、公務員や軍人といった一般国民や集団から切り離され専門職に従事する官僚組織が制度化されたときに国家は典型的に成立をしたと見る。〈自律〉を最高価値の政治的要求とする自律的社会論にとっては、決定と実行の分割は自律の核心に反する。企業での管理職による決定と従業員の実行という経済的分割と同様に、議員や官僚階級による決定と一般国民の実行＝服従という政治的分割についても当てはまる。したがって、政治を専門とする国家・国家機構・国家機関・国家装置といったものの存在は分割の最たるものであるが、しかし権力による立法・行政・司法は欠かすことはできない。となればルソーの結合形式はカストリアーディスによってどのように生かされているのか。両者にほとんど異なる所はなく権力への平等な参加による自由の実現である。「諸個人の自律、自由は……とりわけ権力へのすべての人々の平等な参加を内容としている。平等なしには自由もないのと同様に、権力への平等な参加なしには自由はないのである。もしわたし以外の他人がわたしに関わることを決定し、しかもその決定に対してわたしが何も関係できないとすれば、どのようにしてわたしは自由であり得ようか？　ある自由主義的伝統にお馴染みの考え方に反して、自由の要求と平等のそれとの間には二律背反ではなく相互的な含意の関係があることを断言しなければならない」。[22] 権力への平等な参加による自由の実現としての自律は、ルソーのいう「各人が万人と結びつきながら自分自身にしか服従せず以前と同じように自由である結合形態」にほぼ平行していよう。また、「法は、本来、社会的結合の諸条件以外の何ものでもない。法にしたがう人民が、その作り手でなければならない。社会の諸条件を規定することは、結合する人々だけに属する」[23]と述べているのと全く同様に、「われわれは法を作る、われわれは法を知っている、したがってわれわれは法に責任を負っている。われわれの制定するのはなぜこの法であって別の法ではないのか？とその都度自問する」。[24] どちらがどちらの文章か分からないいほど似ていないだろうか。両者にとって自由・自律とは立法権を決して自らの手から切り離さないことなのである。

(ii) 以上のように「人権と国家の両義的関係」——近代政治哲学が弁証しようとした目的としての人権とそれを保護する手段としての国家あるいは目的に反して侵害する国家の関係——というそのままの言語用法でこの二項の関係を問題化することは、カストリアーディスの言説圏では無理である。しかし彼の問題意識を近代政治哲学と類似する枠組みで表現し直せば、自律の実現としての権力への自由で平等な参加という目的、あるいは別の定式で各人の自由・平等を侵害しないように、または自由・平等を促進するようにといった規範命題を、強制力を伴った権力を手段にして実現する「規範と権力」という図式で同じような政治課題に実質的には取り組んでいるものと言えよう。

そこで残る問題は、いつの日にか何らかの社会においてはパラドックスの解消、両義的関係の終焉ということが生じるのかどうかである。ここまでカストリアーディスを近代政治哲学者たちの側に意識的に引き寄せて論じてきたが、しかし余りに類似点のみを強調するとかえって誤解の基になるので、この当たりで方向転換をしなければならない。ところで、民主主義国家においては、「個人によって生み出されるものと考えられているような国家は、事実上は個人を生み出し、そうすることで部分に全体の規制を必然的に課すような社会である」[25]という基本的なディレンマが存在する。自然状態にある個人、その個人が人間本性上有する身体や財産への自然権、自然権を守るために形成される国家、こうした唯我論的・前政治的なアトムとしての個人から出発して国家に辿り着く近代政治哲学、現代においてはそれとは全く違って国家の構成員となる個人を現実に生み出している社会に力点を置きつつ個人と社会や国家をアンサンブルに捉えようとしている。したがって、ルソーに倣ってカストリアーディスが掲げる〈自律〉という政治目標の達成も、社会的自律と個人的自律との相互の実現を前提にしている。その際、社会的自律は神や神々、祖先、英雄、自然法、歴史法則といった人間の力では左右することのできない超越的規範を一切拒絶して、「自分たちの従う法は自分たちで作る」という直接民主主義権力を樹立することによって可能とされる。

では、その権力に平等に参加する個人はどのように形成されるのか。形成される個人が自由・自律的な個人であることは可能なのか。これがプロジェクトの最後の賭である。というのも、精神分析学者でもあったカストリアーディスによれば、生まれたままの人間は独我的快楽のみに閉じこもり気の狂った生存には根本的に不適切な動物であって、家族や医療機関・教育制度等の制度が存在し、その制度が担う社会的想像的意義を内在化して他人と共存できるように社会化されなければならないのであるが、反面、社会の諸制度による内在化・社会化は個人を自律的にするどころか疎外することになる恐れもあるからである。[26]すべきこととすべきでないこと、あるいはそうした規範のより細かい規定を権力という強制力の発動がなくても自ら行うような個人を制度によって予め形成しておくことも可能かもしれない。[27]しかしそれは他律的社会の典型である全体主義権力によるパラドックスの解消であって、自律的社会の自律的個人は「すべきこととすべきでないこと」を自ら判断できるはずだしできなければならない。だからこそ彼自身、「自律的社会の問題は、ルソーによって定式化されたようなものではなく、制度によって形成された個人による制度の内在化が個人を可能な限り自律的にすること、すなわちこの同じ制度に対して可能な限り批判的にするような制度を見出すことである」[28]と問題の所在を明らかにしている。しかし、いかなる制度がそれに該当し誰がどのような制度設計と実現の手立てを行うのか等決め手になるような方策については、筆者の知る限りどこにも触れられていない。考えてみれば、むしろルソーの言うように「結果が原因となること、制度の産物たるべき社会的精神が、その制度自体をつかさどること」が必要なのではないだろうか。[29]

(iii) 仮に自律的個人が形成可能だとして、彼らの人権に相当するような何らかの観念と直接民主主義権力との関係はどうなるであろうか。まず、「何をなすべきであり、何をなすべきでないか」について彼らの判断が自律的であればあるほど、つまり深くより長期的展望をもって自主的に考えることができればできるほど判断は分かれる可能性が高くなるのではないであろうか。自然環境の余程の異変のない限り繰り返しの生産・生活様式ですむ農業社会の場合ならいざ知らず、日進月歩のＩＴ社会において、さらには生態系の狂い始めた地球のなかでの生き残り方について、予測や客観的認識、価値判断はなかなか一致しにくいであろう。かといって取り敢えずの結論を避けるわけにはいかず、多数決ということになろう。そこでカストリアーディスの思考経路からいって残る問題は、多数決をもってしても決定することのできない事項を認めるかどうかである。自律的社会は神の啓示や自然法といった超越的規範を拒絶する点で他律的社会と区別され、権力の決定しうる事項や及ぶ範囲等について外的に制限するものは何もなく、ただ権力の自己制限があるのみであるから、原則として決定できない事項はない。これには人権保障を目的とする憲法をもっていないイギリスが三世紀前から人権が最も尊重されているというカストリアーディスのリアルな認識や憲法への物神崇拝、立憲主義的幻想への批判が後ろ盾になっている[30]。しかし、筆者は、近代政治哲学のような前社会的・前国家的な個人主義的人権論の立場を取らずにカストリアーディスの権力論をそのまま認めたとしても、権力が存在するというその存在自体に否定することのできない権力への内的制限があると考えている。詳細は後述するが、ルソーが『社会契約論』で国家規模に関連して一見数理的真理であるかのように触れている権力へ参加する権利と権力の決定に服従する義務との間にあるアンバランスに関わる。ルソーの挙げる人口一万人の国家の例で言えば、前者は一万分の一に対し、後者は一であり、一万対一というアンバランスである。平たく言えば、自分が反対投票した法案であっても、可決されれば従う義務があるのだ[31]。自己統治あるいは個人的・社会的自律に終始つきまとっているアポリアの一つである。筆者は、このアンバランスがある限り権力は多数決をもってしても介入・強行すべきでないあるいは否定・否認するべきでない一定の事項――直接民主主義自体が可能となる前提、すなわち各人の自由、平等、その支柱となる生命・身体の安全、他人を支配したり他人に従属したりしない程度の財産の所有、公的領域の情報へのアクセス、私的領域の個人情報の保護等――があると考えている。その事項はまた、高橋論文が強調するように、私法に実定法化されることにより一般私人にも尊重を義務づけられる。換言すれば、カストリアーディスの想定するような自律的社会においても、国家ないし権力は法律を通じて私人による人権に相当する権利の侵害から私人を守り、自らも権力の内的制限を固く守らなければならない。もっとも、内的制限が必ず守られるという保障はもちろんないのであるが。

（1）C. Bec, De l'État social à l'état des droits de l'homme, Presses universitaires de Rennes, 2007, pp.187-192.

（2）晴山一穂「新自由主義的国家再編と民主主義法学の課題」『法の科学』三五号、日本評論社、二〇〇五年、一〇、一九ページ。

（3）C. Castoriadis, Sujet et vérite dans le monde social-historique, Seuil, 2002, pp.153-154.

（4）C. Castoriadis, La Montée de l'insignifiance, Seuil, 1996, p.227.（江口幹訳『意味を見失った時代』法政大学出版局、二八七ページ）。カストリアーディスについての入門書のなかで、P・コーミュレは国内平和の条件にしたホッブスから始まってコンスタン、バーリンと続く消極的な自由の概念に見られる個人的自由にとっての潜在的脅威という近代的権力観が、実はアンシャン・レジームから継承された服従・従属の想像力を近代世界にまで永続したものである点を問題視し、さらに進んでそれを理由とするカストリアーディスの古代ギリシャへの度重なる参照にまで言及している。cf. P. Caumieres, Castoriadis-Le Projet d'autonomie-, Michalon, 2007, p.93.

（5）C. Castoriadis, Le Monde morcelé, Seuil, 1990, p.160.（宇京頼三訳『細分化された世界』法政大学出

版局、一七一ページ)。
(6)辻村みよ子『憲法』(第一版)日本評論社、二〇〇〇年、一九ページ。
(7)同前書、八-九ページ。
(8)『リヴァイアサン』(一)水田洋訳、岩波文庫、二〇九ページ。
(9)同前訳書、二〇四ページ。
(10)同前訳書、二一〇ページ。
(11)『市民政府論』鵜飼信成訳、岩波文庫、一二七ページ。
(12)『社会契約論』桑原武夫他訳、岩波文庫、九七-九八ページ。
(13)C. Bec, op.cit, pp.190-192.
(14)S. Berstein (dir.), La Démocratie libérale, Puf, 1998, p.5.
(15)佐々木允臣『自律的社会と人権』文理閣、一九九八年、三四-四〇ページ。
(16)高橋和之「現代人権論の基本構造」『ジュリスト』一二八八号、二〇〇五年、一一六ページ。
(17)同前、一一二ページ。
(18)行間からもお分かりのように、筆者は日本人の人権感覚における〈平等〉の優位性について、日本文化の良さとどこかで微妙に結びついていることは認めつつも、かなり批判的な評価をしている。色々な人が「日本的」平等主義を同調主義・集団主義・大勢順応主義・横並び等々それぞれ細かい差異を取り出して特徴づけているが、私個人は画一主義という言葉を選びたい。それは〈自由〉へと繋がる各人の相違(=特異性、個性)を「和を乱す」マイナス要因とみなす傾向があるからである。それに止まらず、熟成されると自己の属する集団=日本の中に世界に冠たる独自性を見出し、それとの一体化によって自己了解を果たすというような方向に進む可能性が強くなっていくからである。したがって、森嶋通夫の次のような文章を私は重く見たい。「人々の行動が大きく分かれるのは、主義主張が異なる場合である。それゆえ主義主張が同じ人たちばかりをとれば、そのグループ内では人々の間に重要な個性の相違はほとんどないだろう。あったとしてもそれは決して本質的なものではない。だから国家（たとえば日本）にとっても、もっとも重要なことは、その国家がどの程度の違った主義主張を個人に許しているかということである。極端な場合に、ある国の成員が一つの主義主張しか信奉しない場合には、成員は全員同じように行動することになる。戦前の日本が理想とした『億兆心を一つ』にするという状態が実現するのである。主義主張の統一は成員の行動を均一化し、国民は政府にとって非常に取り扱いやすいものになる。東洋の国は、国民の主義主張が分裂しないことを、ほぼ常に理想としていた。それゆえ全体主義化の傾向が非常に強いものであった。しかし自然に放置すれば東洋の国でも主義主張は分裂しうるから、分裂を抑止するためには、個人の主義主張の上に、それらを統一する国家原理が必要である。これが戦前、戦中に高唱された『国体』であり、国体はすべての全体主義国において団結のための最高原理として君臨する」（森嶋通夫『血にコクリコの花咲けば』朝日文庫、二〇〇七年、二二一―二二三ページ）。

(19) C. Castoriadis, La Montée de l'insignifiance, p.224.（前掲『意味を見失った時代』二八二ページ）。
(20) C. Castoriadis, Le Monde morcelé, p.118.（前掲『細分化された世界』一二四ページ）。
(21) Ibid., pp.123-124.（同前邦訳書、一三〇―一三一ページ）。
(22) C. Castoriadis, Domaines de l'homme, Seuil, 1977, p.319.（米山他訳『人間の領域』法政大学出版局、三八七ページ）。

（23）『社会契約論』前掲邦訳書、六〇ページ。
（24）C. Castoriadis, Domaines de l'homme, op.cit., p.237.（『人間の領域』二七九ページ）。
（25）M. Gauchet, La Révolution des droits de l'homme, Gallimard, 1989, p.xxiii.
（26）C. Castoriadis, Figures du pensable, Seuil, 1999, p.123.
（27）C. Castoriadis, Le Monde morcelé, p.118.（『細分化された世界』一二四－一二五ページ）。
（28）C. Castoriadis, Sujet et vérité, p.197. なお、没後一〇年の機会にセルジィ・ポントワーズとパリ第八大学との共催で二〇〇七年に開かれたシンポジウム『コルネリウス　カストリアーディス　自律の再創出』は、〈自律〉を二つの構成要素に分解し――〈autonomie〉、すなわち〈auto〉・〈自分自身〉、〈nomos〉・〈法律・制度〉――それらの関係のなかに現れる〈緊張〉を探求しようというのが共同の問題意識のようである。これを三つのジャンルに分けて――理論と実践、〈社会的―歴史的なもの〉、民主主義の問題――討究しているが、詳しくは別稿で論じることにしたい。Cf. B.Bachofen, S.Elbaz, N.Poirie（dir.）, Cornerius Castoriadis Réinventer l'autonomie, Sandre, 2008.
（29）『社会契約論』前掲邦訳書、六五ページ。
（30）C.Castoriadis, Fait et à Ffire, in Autonomie et autotrasformation de la société-La Philosophie militante de Cornelius Castoriadis, Droz, 1989, p.504.（repris in Fait et à faire, Seuil, 1997, pp.66-67. 江口幹訳『したこととすべきこと』法政大学出版局、八四ページ）。
（31）『社会契約論』前掲邦訳書、八六ページ。

第二部　人権の十字路

――「分割」か「統合」か――

二〇一二年末の安倍政権の再登場によって世情はなはだ穏やかならざる様相となった。政治家三代目の首相は「暴れん坊将軍」さながらにあの手この手の戦法（内閣法制局・ＮＨＫ・日銀・原発規制委員会を初めとする人事や憲法の改正条項の改正の企図、集団的自衛権の容認による解釈改憲、それを実定法化した安全保障関連の法、秘密保護法の強引な成立等々）を駆使して「戦後レジームからの脱却」を目指している。自民党の改憲草案に見られる脱却後の日本は、人権やリベラル・デモクラシーといった欧米先進国と共通する価値を果たしてどこまで真剣に担っていけるのか、つい疑心暗鬼にならざるを得ない。戦前へのノスタルジーが盛んに漂うような気がする昨今、未来の座標軸を求めてラディカル・デモクラシーに基づく人権論を説くなどアナクロニズムの最たるものかもしれない。

第二部の「人権の十字路」という表題は、前章で述べた国家と市民社会の分割を基本の国家像とするリベラル・デモクラシーという政治的価値（「自由の平等権」）をどのように配分するかに関して、ほぼそれら（自由権と平等権）をバランス良く実現しようと試みているヨーロッパ型、リベラル（自由権）に重点を置いたネオ・リベラリズムのアメリカ型、どちらかと言えばデモクラシー（平等権＝社会権）の方に重きがあるソシアル・デモクラシーの北欧型という三つの選択肢と、最後にリベラル・デモクラシーを超越するラディカル・デモクラシー（「平等な自由権」）とその反対の人権否定や制約を狙う復古主義型（国民の義務あるいは社会秩序の安定の強調）という異質の二類型を含む第四類型の選択肢を念頭においたものである。われわれは終極的にどの道を選ぶのであろうか。その選択を考えるため第一部までは一九八〇年代以降の人権をめぐる主としてフランスにおける左・右両翼の理論動向をリベラル・デモクラシーvs.ラディカル・デモクラシーの対立としてフォローしてきたが、この第二部では再度近代国家の起源に遡って近代政治哲学の孕む問題点を社会契約論vs.立憲主義の対立・緊張として摘出すると同時に、その問題点の解決策を巡る理論を検討してみることにする。

＊1　リベラル・デモクラシー、ラディカル・デモクラシーという用語について

蛇足になるかもしれないが、近年あまり目にすることのない区分なので一言しておきたい。オランドルという政治学者が「われわれヨーロッパ人は自由主義者であれ社

会主義者であれ、進歩派であれ保守主義者であれ、民主主義者であるという点では変わらないのだ。もっとも、その民主主義という観念に関してラディカル・デモクラシーの支持者とリベラル・デモクラシーの擁護者との間には重大な不一致があるのだが」と述べている（J. V. Holeindre, Avant-propos, àP. Mnnent, Enquête sur la démocratie, Gallimard, 2007, p.7.）。この「重要な不一致」を借用すると、リベラル（独仏型だけでなくアメリカ型の自由主義や北欧型の社会民主主義を含めて）は現状を容認するのに対してラディカルは現状を〈根底的に〉問題化し変革することを目指している。これを人権論の領域に移せば、リベラルは人権による国家と私的領域の分割の徹底、つまり人権の非政治化・私的領域化を求めるのに反し、ラディカルは両者の統合、換言すれば両領域での主たる支配原理（国家における「平等の原理」、私的領域における「自由の原理」）の相互適用を目指す。

一　リベラルな人権論（リベラル・デモクラシー）における二つの系譜

（i）ベルリンの壁の崩壊（一九八九年）以後、乗り越え不可能な地平としての民主主義を意味する「歴史の終焉」（フランシス・フクヤマ）というテーゼが盛んに採用されたが、それ程に近代立憲主義やリベラル・デモクラシーは現代において正統性のあるものとして広く受容されている政治思想ないし政治形態である。それらが理想や理念といった規範的次元に半ば追いやられ現実の場面においては未達成の状況に止まっているように見えるが、ここで論じたいのはむしろ規範的次元のなかにもっと検討すべき問題があるのではないかという点である。端的に言えば、近代以降の立憲主義は内容的には国民主権・権力の分立・人権の保障を基本的原理としていると言われるが、同時に君主主権は言うまでもなく国民主権も含めて権力の制限、権力の濫用を憲法によってチェックしようという考え方にも基づいている。つまり、近代立憲主義国家は、一方で人間として本来的に（前国家的に）所有する自然権（＝人権）を安定的に確保するという目的の下にそれを実現する手段として国家を人為的に形成したとする社会契約論を思想的背景にしている。当然、人権の確保を企図する当事者たちが国家の形成者となり、国家形成後は主権の淵源としての国民となることが予想されており、国民主権と人権の保障が目論まれている。他方、近代立憲主義の古典的定義とされるフランス人権宣言の第一六条には「権利の保障が確保されず、権力の分立が定められていないすべての社会は、憲法をもたない」とある。権利の保障のためには、権力の分立によって権力の濫用を防ぐ必要があり、両者はペアになっている。しかし、ここにあるのは社会契約論による人権保障のための国家形成・契約当事者たる国民による主権の行使vs.立憲主義に基づく（国民主権も含めての）権力の制限という対立図式ではないのか。[1] そしてこの対立は前章までに述べてきた政治形態（ないし政治思想）としてのリベラルとデモクラシーの対立を法的形態（ないし法思想）における対立として反映しているのではないか。

＊2 「社会契約」の超越論的次元

社会契約論は、近代国家の創出＝作為の根拠とその国家が含む強制と自由の両立可能性という根源的な問題を、「自由・平等な人々」による「契約」を介して解こうと試みたものである。一七・八世紀に広まった政治思想ではあるが、ロールズの名前とともに復活し現代においても十分に通用する活力を発揮している。ところが、他方で社会契約が現実に締結された歴史的な事実ではないという意味で「フィクション」である、あるいは過ぎないという風に記述されることが多い。もし文字通りフィクションに過ぎないとすれば、本文にあるように立憲主義と対比できるようなものではない。一種の虚構ないし思考実験としつつも「だが、この虚構は私たちを啓発し導いてくれる。それは統制的な仮説なのだ」（アンドレ・コント＝スポンヴィル『哲学』小須田健他訳、文庫クセジュ、二〇一〇年、一一六ページ）という主張もあるが、私はもう一歩踏み込んでカントの統制的理念、それに向かって進むべき理念と理解した方がよいのではないかと考えている。なお、参考までに著名な二人の社会契約論に関する箇所を引用しておこう。まずはヒューム。「現存の、あるいは、史上に記録のある政府の起源は、ほとんどすべて、権力の僭取かそれとも征服か、あるいは、これらの両方かにもとづいており、人民の公正な同意とか自発的な服従とかを口実にするものは、これまで全然ありませんでした」（「原始契約について」小松茂夫訳『市民の国について』上巻、岩波文庫、一三三ページ）。次にカント。「かの根源的契約の精神は、立憲的権力の次のような義務を含む。すなわち、政治の仕組みをかの根源的契約の理念に適合せしめ、かくて、たとえこれが一挙に行われないとしても、政府の仕組みを徐々にかつ連続的に変更して……その効果から見て一致するようにし、かつまた、単に人民の臣属を生ぜしめるにのみ役立ったあの古い経験的諸形式が解消して、根源的（合理的）形式がそれに代わるようにするという義務を含むのであって、その根源的形式はそれのみが自由を原理となすもの、……である」（古沢傳三郎・尾田行雄訳『人倫の形而上学』カント全集、第一一巻、理想社、二一六―二一七ページ）。

まず、社会契約論と立憲主義の違いを列挙してみよう。第一に社会契約論が解決しようとする課題は同胞間の争いを解決するための権力の形成とそれへの参加であり、他方立憲主義はそうして形成された権力の憲法による制限を目指す。第二に関心の対象は前者においては公的領域にあり、そこへの参加と同胞である個人間・私人間による人権侵害の予防や救済にある。これに対し後者にあっては権力による個人・私人への人権侵害の抑止であり、権力の介入し得ない私的領域（市民社会）の設定であり、そこでの安全の確保である。第三に歴史的事実として前者はフランス革命に見られたように革命家達はアンシャン・レジームに対抗する革命の正当化理由に人々の生まれながらの人権（自然権）の保障を掲げたのに対し、アメリカの独立革命においてはイギリスに勝利した既存の一三州の権力に制約を加えるため後に憲法の中に修正条項という形で人権を次々に書き加えるという方式を採った。換言すれば、権力獲得のための旗印としての人権か、既に獲得されていた権力に対する歯止めとしての人権かという相違である。第四は思想的系譜に見られる違いである。P・マナンの明快な分析がある。「モンテスキューは、政治問題の中心を権力と自由の対立にみて、自由主義という決定的な用語が必要となりうることになるものを確定する。そうしながら、彼は、自らの意図をいっそう見事に実現するために、ロックの視点を逆転させる。彼は、自由を基礎づける権利から出発するのではなく、自由を侵害する権力から出発する。彼は、権力の起源について自問するのではなく、その結果について自問する」と[2]。立憲主義思想のモンテスキューvs.社会契約論のロックである。最後に第五として権利意識についてみると、前者にあっては平等な人々の間での人権を確保するのが目的であり、国家は人権を侵害する敵対者であるよりもむしろ私人による人権侵害の救済者としての役割を期待されている。後者においては優先的価値を有する自由は権力に対抗するところに本領があり、従って権力は最強の侵害者として想定されている。

ただ、二つの系譜には以上のような重大な相違点があるが、もちろん、これらはあくまで「理念型」での違いに過ぎない。国家形成の要因をどのように想定するかによって形成後の権力と個人の関係は全く異なってくる。ホッブスの「万人の万人に対する戦争状態」は現在の中東情勢を彷彿とさせるが、そのような同胞同士の殺し合いあるいは私的勢力間の武装闘争を終焉させるためには絶対的な主権を備えた強力な国家が必要であり、おそらく個人の自由はほとんど認められず、自由なき平等という状態となろう。権力の制約よりも無制約であることの方がむしろ個人の安全が確保されるのであり、課題は同胞間の争いであって国家と個人の間ではない。それに対し、同じ社会契約論者であってもロックの考える自然状態においては他人の生命・自由・財産は原則として尊重されており、例外的に生じる侵害に対して自然法違反として処罰するだけの権力があれば国家の維持は十分であり、形成後も個人にはかなりの自由が残されている。しかも自然状態にあっては欠如していたいかなる行為が自然法違反になるか、違反したかどうかをどう判定するか、処罰を誰がどのように執行するか等々その処罰を巡って違反・判定・執行と予め分割され別々の機関に帰属されている。換言すれば、プロパティーという自然権を安定的に享受するために国家を形成するという社会契約論の中に、権力を制約するという立憲主義の要素が含まれており、権力の及ぶ範囲が限定されているがゆえに自然権を権力の妨げなく行使できる余地が広く残されているとも言いうる。これは特定の時代・場所において社会契約論なり立憲主義のいずれの要素をより重視するのかという価値判断の問題であり、個人の存立にとって同胞間の争いの方が危険なのか、あるいは争いを終結させた後の権力の方が危険なのかについての状況判断の問題でもあろう。

しかし、いずれにしろ社会契約論と立憲主義という本来別個の観念が微妙に絡んでいることは否定できない。それどころか現に近・現代の憲法の多くは、社会契約論由来の人権の保障と国民主権、立憲主義に属する権力の分立を規定しているのである。ここから、どんな権力によるものであれそれは制限されなければならないという立憲主義一般と異なって、「近代」立憲主義は「国民の名をもってする権力自身が、権利保障と権力分立という制約に服することによって、『人』権＝個人の尊厳という、『およそ政治的結合たるものの目的』（二条）がはじめて達せられる、という考え方にほかならない」という主張には抵抗しがたいほどの説得力がある。[3] しかしこれが立憲主義一般による社会契約論の取り込み、そして「近代」立憲主義への進化を意味するのであれば、今度は「近代」立憲主義の内部で社会契約論に由来する要素と立憲主義一般からくる要素との間で対立が生じる可能性が出てくるのではないか。そしてこの対立図式は、自由と平等を別個の観念としてみるリベラル・デモクラシーにおける内部対立の別の表現ではないのか、という疑問が筆者にはある。繰り返しになるが、一八世紀末から欧米諸国に普及し始めたリベラルを信条とする国家は、一九世紀の社会主義思想の影響を受け、二〇世紀に入ってリベラル・デモクラシー国家に変貌する。文字通りリベラルは自由を最優先し、主権の所在は第二次的な価値しかないと見るが、国民あるいは人民を主権の淵源と見るデモクラシーは、自由よりも平等を原点と看做す。君主や貴族の存在を正統化する身分制を否定する平等の価値原理によって初めて国民や人民という言葉も意味を持ち始めるからだが、しかし平等を前提にすると公共事項の決定方法には多数決しか考えられないから自由と緊張関係に入る。精神的・肉体的な自然的不平等をそのままにしておけば自由は不平等を帰結するし、その上に社会的不平等が重なればより深刻な不平等となるため、可能な限り前提の平等に近づけるよう自由の制限に向かう多数決が頻発しやすい。このリベラルとデモクラシーの緊張・対立関係が立憲主義と社会契約論の対立にも反映されることになるのではないか。政治学者の杉田敦氏は、日本の憲法学界で一番有力な立憲主義の理解では権力と自由とは対立し、したがって権力の制限によって自由は実現できるという自由主義思想（リベラリズム）と多くを共有していると述べ、国民を権力の主体であると謳う日本国憲法の国民主権原理と国民を権力の単なる客体とみなす立憲主義とは一体どのような関係にあるのか、と憲法学者の理解にかなりの違和感を表明している。(4) 確かに社会契約論の論理に従って権利保障のために形成した国家の主権が国民主権である場合（もう少し正確に言えば、国家形成時のみに当事者として想定されているたとえばホッブスのようなケースだけでなく、形成後も主権者として権力の行使に直接に参加することを求めるルソーの直接民主制はその典型であるが、間接民主制を採る日本国憲法も含まれる）にもその主権・権力の行使が仮に多数決に基づくにしろ権利侵害に当たるとすれば本来の目的に反する濫用となることは言うまでもない。これは樋口陽一氏が強調される主張、つまり、近代立憲主義は「人民の意思による国家権力の掌握があったうえで、国家権力＝自分たちの意思をもあえて他者として見る緊張関係の上に成立してきたはずである」(5)という上述と同様の主張が当て嵌まるケースであろう。ただ、それを社会契約の違反と見るか立憲主義への違反と見るかであるが、前述のように、もし立憲主義の「近代性」が社会契約論の受容・受肉化にあるとすれば、国家形成の目的に反する権力の濫用であり、権力の濫用であると判断される限り立憲主義の違反とも言える。もっともその際には、社会契約を単に「フィクション」と位置づけるのでは不十分で、超越的理念の一定の具現化と理解すべきではないであろうか。

（ii）ところで幾つかの違いがあるとしても、二つの異なった系譜がなぜ共存しているのかといえば、リベラル・デモクラシーという政治形態の下でそれぞれ違った役割を分担しているからではないのか。非常に単純化したモデルで申し訳ないが、以下のように想像した役割で違いが少しでも明らかになるであろう。中世と異なって近・現代の最大の特徴は、しばしば指摘するように国家と市民社会の分割にあるが、リベラルが要請されるのは市民社会においてであり、立憲主義が権力の介入を制限してそれに応える。国家と市民社会の「分割の組織化」[6]というこの要請にとって人権という観念が切り札となる。そこで、立憲主義の思い描くリベラルな人間像は（理念としての）市民社会の構成員として他人に依存することなく自分（および家族）の生存を可能にするだけの財産（「所有の自由」）をもち、自己の善き生を構想する理性（「精神の自由」）とそれを実現するよう行動に移す実践的な能力（「表現の自由」や「行動の自由」）を身に備えた「強い個人」であり、憲法学で最狭義の人権とされる自由権（「国家からの自由」）の担い手として想定されている（極端な場合、「人権の十字路」における選択肢のアメリカ型）。ところが、（現実の）市民社会の規定因は経済社会＝資本主義社会であって、自立どころか労働力という商品の買い手である他人の意思に依存せざるを得ない労働者が構成員の大半を占めている。（市民社会における強者による支配の規制を国家に求めるという意味で）社会契約論的で（平等を求め多数派でもあるという意味で）デモクラティックな人間像とも言える彼らは商品市場において「弱い個人」であり、自由権とあわせて狭義の人権と呼ばれる社会権（「国家による自由」）の新たな担い手とならざるを得ない。商品市場における自由競争は競争の必然的帰結である勝者と敗者という不平等な関係を生み出し、経年の内に社会的地位が固定化され階級・階層へと分化される。この不平等が治安を悪化させたり和解し得ないほどに敵対化しないよう緩和＝格差・不平等の是正が試みられる。その是正の主体はリベラルの嫌悪する国家であり、人権の保障を国家の存在理由と説明する社会契約論的発想が再度呼び出され、国民主権を謳うデモクラシー国家が介入することになり、極端な不平等に基づく分化は敵対化の寸前で緩和される（選択肢のドイツ・フランスや北欧型）。しかし、リベラルな人権論にとってはここが限界である。後戻りすればリベラル・デモクラシーではなく単なるリベラリズムとなり、限界であるソシアル・デモクラシーを超えて前に進みすぎるとラディカル・デモクラシーとラディカルな人権論に移行してしまうことになる。前か後か、リベラル・デモクラシーの自由か平等か（「自由の平等権」＝自由を平等に配分→不平等な人々の間では配分された自由も不平等な結果を生み出す）、それともラディカル・デモクラシーの自由と平等か（「平等な自由権」＝平等な人々の間に自由が平等に配分される）。さて、どうするか。

＊3　人権（論）諸要素の「分割」と「統合」

人権という観念については、すべての人間が単に人間であるというだけでもっている権利あるいは人間が人間としての本性そのものによってもっている権利などと定義されてきた。なぜ人間として生まれたという生物学的な理由だけで権利を享有できるのか、その規範的な根拠については色々考えられ議論もされてきたが、今は不問に付しておこう。なぜならこのような定義からは人間を他の動物から区別する「本性」をどのように理解するかという問題が生じる。たとえば、本能をコントロールできる理性による自由か、自然に働きかける労働能力や労働から得られた果実を所有する資格などが本性に該当するのか、そもそも理性や労働能力は平等に配分されているのかどうか。実際、本性についてては論議を引き起こしやすい曖昧さが付きまとっている。その故か「現代人権論の基本構造」(『ジュリスト』一二八八号、二〇〇五年)を考えるに当たって高橋和之氏は人権観念の「本質」を問題にしているかのようなwhat「人権とは何か」ではなく、むしろ「機能」を問題にしてwhy「なぜ人権を保障するのか」を問うた方が生産的であり、「個々人の自律的生を可能にするために必要だから」人権は保障されるのだと述べられる。筆者もこれを参考にして「人間が人間として自律的な生を送るために必要な諸権利」という人権の定義を「一応」ベターと考える。「一応」というのはwhatではなくwhyという問い方に賛成ではあるが、その上でさらにhow「どのように人権を保障するのか」という問題設定が大事だと判断するからである。しかも人権を尊重する社会の在り方は、どのような人権をどのように尊重するのかという問題に依存している。

では人権の「本質」ではなく「機能」に着目した場合に、whyとhowとの違いがどこに生じるのであろうか。人権観念の定義を構成する個々の要素を分解することから試みてみよう。人権観念の諸構成要素のうち、人権保障の目的を意味する「自律」について、その意味を「自己に関することには自らその決定に参加し実行する」と理解した場合（すなわち、決定と実行の分割の廃止）、自律にも「個人的自律」と「社会的自律」とが考えられよう。次に人権の中味を意味する「自由・平等」については「自由と平等」なのか「平等な自由」なのかに分けられよう。そして権利の主体は「人間と市民」なのか「人間＝市民」なのかという違いが見出されるのではないか。さらに人権の射程距離（あるいは及ぶ範囲）は「私的領域」に過ぎないのか「公的領域」も含むのか、ルフォールの言う「私的／公的領域」なのかという問題もある。それぞれの要素について複数の要素が確認されるであろう。八〇年代のフランスにおける人権論の再生をフォローしながら、次第に筆者はこれらの要素をhowどのように配置するのかが実は論争の分岐点になっており、また今後の人権論にとっても重要ではないかと考えるに至った。

さて、これらの諸要素から二種類の繋がりを取り出すことができよう。第一の系列は国家の介入し得ない神聖な「私的領域」の確保、そこでの「人間」の尊厳を保障する「個人的自律」、それは「自由と平等」を権利として享有することによって確固たるものになるとされる。こうした主張を展開する議論を「分割の原理」に基づくリベラルな人権論と呼んでおこう。対極にある第二の系列は「公的領域」への参加も人権リストから排除せず、それは個人的自律だけでなく「社会的自律」をも目指すことを意味し、したがって単位としてのパーソンは「人間」であると同時に「市民」でもあり、対等なパーソンの間にしか自由は存在しないという意味を込めて「平等な自由」を権利の内実と考える。こうした主張内容を「統合の原理」に基づくラディカルな人権論と呼んでおきたい。

二 ラディカルな人権論（ラディカル・デモクラシー）の統合原理

（ⅰ）アクチュアリティーのあるリベラル・デモクラシー内での三つの選択肢について、筆者はそれぞれに否である。というのは、リベラル・デモクラシーの自由と平等の反比例的関係に見られるシーソー・ゲーム（及び後述するように、その深層にある不平等や格差を再生産する資本主義経済の問題性）、さらに国家と個人の関係をめぐる両義性といった諸問題が存在し、それらに自身に納得のいく理解が得られていないからである。前章で筆者は両義性に関わる社会契約論と立憲主義の関係について、「もし国家という根本秩序の設立目的が人権を保障することであり（社会契約論）、しかも根本秩序を定める憲法は国家をコントロールすることが目的である（立憲主義）とするならば、人権にとって国家は自己の味方なのか、それとも侵害の恐れの最もある敵なのか、いずれなのだろうか。単純に順序を逆にして、憲法でコントロールしなければならないような国家を、なぜ人権の守り手としてわざわざ形成しなければならないのであろうか」という形式で、やや挑発的に問題を提起したことがある。別に矛盾していると考えている訳ではない。私人間の人権（自然権）侵害という争いを解決するために設立した国家の権力が、一旦成立すると権力の担当者も人間なので今度は自ら私人の人権を侵害するということは有り得ることである。したがって、問題は国家の人権を維持し救済する機能と国家権力が濫用されないよう予防を講じておくというずれを究極的には重要と見るかということである。その点では樋口陽一氏の「民主主義から立憲主義へ」、「民主よりも立憲主義」というフレーズは選択として極めて明快である。[7] この点でわたしは非力ゆえに未だ最終的な解を得られていないが、取り敢えずもう一つの解であるラディカル・デモクラシーに望みを託している。民主主義を乗り越えることはできなくとも、その根元に辿り着くようより深化させることは可能であろうとの見通しの下に。

さて、この人権と国家ないし権力との両義的関係を直截簡明に解決する第一の方法は一方を断ち切ることである。つまり、公的領域において人権侵害のおそれの最もある危険な相手、立憲主義によって縛っておかなければならない権力、それを独占する国家を廃止することである。かってアナーキズムvs.ボルシェヴィズムという有名な論争があったが、今は記憶の彼方にあるに過ぎないと思っていたところ、自由・民主主義を乗り越えるイソノミア（無支配）の思想が見出され、ソクラティスに始まる哲学以前に古代のイオニア地方で生まれ、（多数者によるものであれ）一支配形態であるに過ぎないデモクラシーよりも優れた無支配の思想として現代に蘇ってきたのである。柄谷行人氏が『哲学の起源』で言及され特集を組んだ雑誌も現れている。支配がないとすれば支配の道具である国家も権力も必要はなく、博物館で眠ることになるので人権侵害といった悪夢にうなされることもない。さらに古代イオニアから蘇生した現代型のイソノミアとは、マルクスが「可能なるコミュニズム」と呼んだ「自由で平等な生産者の連合社会」、つまり資本-賃労働関係に取って代わる消費-生産協同組合のアソシエーション社会の構想でもあるとされる。これまでの未来社会論と違うという点で興味深いのは、その無支配社会の到来をマルクス主義的な歴史的必然あるいは自然史的必然として把握するのではなく、「他者を手段としてのみならず、同時に目的として扱え」というカントの道徳法則に基づくものと理解され、さらにマルクスのコミュニズムもまたカントのこの至上命令の延長線上にあるとも捉えられている。[8] 社会構成体の歴史をマルクスのように「生産様式」からではなく「交換様式」から見ようとする壮大な企てから導き出されたこの無支配の思想を評価することは難しい。そればかりか、アテネのデモクラシー以前にイオニア地方において無支配を意味する「イソノミア」が過去に実際存在していたことを指摘していて単なる夢物語ではなく、現代人の良心に訴える倫理的要請であることを熱く語っているように思える[9]（なおこの際、社会主義段階における権力の必要性、コミュニズム段階での搾取と階級の廃止に伴う権力の消失・無支配〈それ故に人々が平等で自由な社会〉を説くマルクス主義に触れるのが順序であるが、周知の理論なので、その重要性にもかかわらずここでは省略しておきたい）。

＊４　フランスにおける左翼

左翼という言葉自体がフランス革命議会での代議員の座った場所・位置に由来するように、右翼（日本風にいえば保守）とともに二〇〇年以上の歴史を持つ。その一角を形成する様々の政党やセクトは生成消滅を繰り返していても、思考の面で共有する左翼としてのアイデンティティーは確定することができる。それは一八世紀の啓蒙思想以来の批判的思考であって、偏見を追放し、ステレオタイプな思考（陳腐な門切り型）に距離を置き、自明な事柄であっても探求を怠らず、機械的思考を忌み嫌う。要するに、自分自身も抜け出せないでいる制度化された既存の思考に対して、したがって自身に対抗して〈自分で考える〉ということである。しかし反対陣営からはルソーの影響を受けて「理念」の名による「現実」への抵抗姿勢であるとか、カント的モラルの意味でのモラルの政治への適用、モラリストであるが故に未だ存在しない善きことを実現しようとするといった批判が放たれている（Cf. P. Corcuff, La Gauche est-elle en Etat de Mort cérébrale?, Textuel, 2012. J. Julliard, Les Gauches Françaises-1762-2012, Flamarion, 2012.）。しかしそうした批判は、歴史法則に訴えるマルクスや本書で度々引用する自己制度化論には当て嵌まらない。もっとも、経験知を生かし積み上げてルソーの理念やカントのモラルを少しずつ実現していくのに何の不都合が在るのだろうか。

ところで、濫用される恐れがあるので、また現実に濫用されてきた歴史があるので、そんな忌まわしい権力は存在しないにこしたことはないが、しかし権力は必要があって生じたものである。ここまで主題の一つの柱にしてきた社会契約論によれば、国家のない状態を意味する自然状態においては、生まれながらに所有する生命・自由・財産権といった自然権を互いに侵害し合い、安定的に享受することができない。そこで自然権の一部ないしは全部を放棄するという内容の社会契約を結んで国家を形成する。すなわち、国家は個々人あるいは私人間での権利侵害を権力を用いて予防したり救済するという必要のために生まれたものである。したがって濫用を恐れて権力をなくすことは、逆に権力による自然権・人権といった権利の保護を同時に失うということを伴う。もっとも、無支配の世界が善男善女のみによって構成され、そこでは「自分にして欲しくないことは他人にしない」、「自分にして欲しいことは他人にもする」といった格率が自然に守られているパラダイスであれば単なる杞憂に終わるであろう。あるいは他人から望まれていることは自動的に行うよう予めインプットされているとか洗脳されているとかという場合も安全であろうが、いずれにしろ歴史や現代人の行動から推論する限りは極楽か地獄の話に止まる。権力の廃止による無支配という構想ではなく、より現実味のあるもう一つの提案、つまり人間の想像的創造力から発する権力の創出とその行使に「平等」に直接参加して「自由」を実現しようとする構想に注目したい。それは国家と個人の両義性をカント派的な無支配の「倫理的要請」として解決しようとするものではなく、またマルクス主義的な「歴史的必然」としてでもなく、個人的・社会的自律、すなわちオトノミーを希求する人々の「政治的・人間的要求」――わたしは自由でありたいし、わたしはわたしに関係する決定に参加しその責任を負いたいし、わたしは自分の境遇が他人によって決定されることを望まないという要請――の実現として理解するカストリアーディスの試みである。[10]「自律的社会」における権力の必要性については既に述べた通りである（九四ページ参照）。

（ii）結論に向けて
――権力の必要性・不可欠の人権・公私の分割の必要性・分割線の移動――

従来型の支配のないこの「自律的社会」においても権力がある限りその濫用を想定せざるを得

ない。権力の濫用は人間の「フュブリス」（驕慢、行き過ぎ）によるものというのがカストリアーディスの結論であり、人々はギリシャ悲劇で演じられているような悲惨な出来事から反省し、以後の教訓を引き出すであろうと述べる。ならば濫用を防ぐためには権力の自己制限を期待するほかなく、人権宣言とか憲法による制約といった立憲主義的な制度上の工夫は二次的な重要性しかないことにならざるをえない。しかし、そもそもすべきでないことをするような者がいるが故に権力が必要だという出発点に立ち帰って考えれば、権力についてもそれを濫用・悪用する者が存在する可能性は高く、その手立てを予め用意しておくことは決して二次的なことではない。直接民主制の下であれ集団の存在と権力による支配を容認すれば多数派と少数派の存在、多数派による少数派の無視や抑圧も避けられない。そこで必要とされる最も重大な工夫が憲法の存在であり、多数決をもってしても否定することのできない人権の承認である。したがって、ラディカル・デモクラシーに賛同するとしても権力の濫用を想定する限り立憲主義も決して手放すわけにはいかない。

次にその制度上の工夫について若干考えてみたい。確かに、自律性の実現という目標にとって、直接民主制は自ら権力を握り服従する法の制定に自ら参加するのであるから最も適切な政治形態であるように思える。しかし、「思える」だけであって、そこには危険な落とし穴がある。考える参考にもう一度ルソーを引き合いに出そう。「国家が一万人の市民から成りたっていると仮定しよう。主権者は、集団としてそして一体としてしか考えられないが、各人は、臣民としての資格においては、一個人とみなされる。だから、主権者と臣民との比は、一万対一である。言いかえれば、国家の各構成員は、主権に完全に服従しているのに、主権の一万分の一の分前しかもたないのだ。国民が十万人である場合でも、臣民としての地位には変化はない。そして、各人はひとしく法の完全な支配をうける。それに反し、彼の投票は十万分の一の力に減少し、法律の制定に及ぼす影響は十分の一となる。そこで臣民としてはいつも一だが、主権者の比は、市民の数に応じて大きくなる」[11]。この主権者（ルソーの用語によれば、「主権に参加するものとしては市民」）と臣民（同様に「国家の法律に服従するもの」[12]）との比例関係は「すべての人々と結びつきながら、しかも自分自身にしか服従せず、以前と同じように自由である」という結合契約の定式と果たして一致するであろうか。明白に、否である。一万対一あるいは十万対一のこのアンバランス。現実に法の制定という場面になれば必ずしも単純にこのままの数値に還元されるわけではないであろうが、しかしそれでも数字に表われているこの大きなズレを無視するわけにはいかない。

＊5　ルソーのいう主権者と臣民のアンバランスについて

主権者の集うある総会で、たとえば消費税をめぐって議論するとしよう。総会の構成員はルソーの仮定に倣って一万人としてみよう。直ちに気付くのは、消費税をめぐって一万も意見が噴出して対立するとは考えられないであろう。せいぜい、この際消費税を廃止するかやはり存続するか、存続の場合に現状維持か値上げか値下げか、今後使途目的を特定するかしないか、拡げるか狭めるか、税率を上げるにしろ下げるにしろ何%にするのか等々、まあ、五前後の論点しか争点にはならないのではないか。さて、ここで主権者としての参加率を決定への影響力という意味で理解すれば人口数に確かに依存する。どの争点についても恐らくは何千分の一くらいの影響しか残せないであろう。しかし、実質的に主権者である個々人の意思の実現という面から見れば人口数は余り関係しない。一万の議案が出されたというのであれば別であるが、そうでない限りルソーの想像するような一万分の一などはあり得ない数字である。また、確かに臣民としてはいずれの争点についても可決された法には少数者でも従わなければならないが、その場合でもそれぞれは実際には幾つかの議案のなかから選択するのであろうから一万対一ということにはならない。アンバランスが残ることには違いないが、一万対一、十万対一というような天文学的な数値によるアンバランスではない。かといって無視して良いということには決してならないから人権問題が出てくると言えるのではないか。

翻って考えると、人権観念などはむしろこのアンバランスを臣民の側から少しでも平衡させようとする努力と見ることができよう。敢えて言えば、自然法等の超越的規範を拒絶した近代において、権力の自己制限というよりも権力というものを設定する代償として、設定と同時に権力によっても（多数決をもってしても）奪い得ないものとして人権という観念を権力というものに必然的に内在する制約として考え出したのではないであろうか。つまり、目的―手段の関係ではなく、また自己制限としてその結果が権力に一任されている一方的な関係でもなく、権力が存在すれば人権も必然的に存在しなければならないという状況（強制力の存在および多数決による強制力の行使によって本人の意に反してでも支配するという関係が存在するという状況）から生じる必然的帰結ということではないのか。そうだとすれば結合契約の定式にはやはり人権の保障は必要事項だということになる。――たとえばこんな定式になろうか、「すべての人々と結びついてつくる共同の力の行使に自らも参加し、同時にその力をもってしても奪い得ない自由を守り保護するような結合形式を見出すこと」――。したがって、カストリアーディスの言うように、権力に直接に参加しているという理由だけで、権力の無制限を直ちに認めるのは非常に危険であり、さらに敷衍すれば近代政治哲学のパラドックス、すなわち自由の敵に自由の保障を委ねるというパラドックスが問題なのではなく、自由を守るための国家への参加とその代価としての国家への服従とのアンバランスが問題なのである、と考えられる。さらに言えば、ルソーの指摘する比例関係のアンバランスを生じさせたのは結合契約の当事者の一人一人である「他人」という存在である。しかもこの他人こそ、いつでもどこでも人口の大多数を占める大衆・民衆であり、デモスそのものである。デモスとくれば、ヤヌスとしてのデモスである。革命の推進力ともなればファッシズムの温床ともなる全く計算不可能なカオス。このカオスを想像的創造力によって諸々の制度をつくって一つの社会を形成する。自律的社会であっても仮にモダンの法システムである国家と個人との関係になぞらえて、「他人」をこの関係の内の第三項として位置づけ無視し得ない存在として同様に考慮するとすれば、権力は一面では「他人」と同様に構成員の人権を侵害するかもしれないが、他面では「他人」が人権を侵害しないように守り保護するなどの役割を果たす任務を負っている。この二面性に目配りすれば、カストリアーディスのように、自由の敵に自由を守ってもらおうとしている、と冷たく言い放つわけにはいかないであろう。

(iii) しかし、ルソーの結合契約の形式を少し修正して立憲主義を重視し、権力の歯止めとして人権を認めるとしても、リベラル・デモクラシーの下で人権の果たしている国家と市民社会の分割という問題はどうなるかという論点も検討しておかなければならない。第一部でラディカルな人権論を論ずる際にフランスの政治哲学者バリバールの見解を例に挙げ、リベラルな人権論が人間と市民、人権と市民権、自由と平等とを「分割」しているのに対し、ラディカルな人権論は反対に人間＝市民、人権＝市民権、平等な自由など「統合」の原理に立っていると説明した。また政治的解放から人間的解放へ（資本主義から共産主義へ）の歴史的移行という初期マルクスのフレーズに結びつけたコメントも付け加えておいた。この説明のままではラディカルな理論はすべて国家と市民社会あるいは公的領域と私的領域の区別や分割を認めず、立憲主義が心配するような権力への制約を権力が自らの手の内にある（＝直接民主制）というだけの理由でいっさい一掃するかのような誤解を与えてしまうのではと危惧している。フランスの議論を参考にして、わたしが主張したいのは、「統合」という言葉でイメージされる異なる領域の分割の廃止ではなく、むしろ「異なる領域の分割」の存続を前提にして「同じ原理」の貫徹あるいは共有ということである。分かりやすい例でいえば、国家という公的領域において構成員は原則「平等」である。わが国の憲法は、もちろん、リベラル・デモクラシーの範疇に入るものであり、主権の行使に参加する重大な権利である選挙権・被選挙権についてみれば、法の下の平等の第一四条にもある「人種、信条、性別、社会的身分、門地」の外にさらに「教育、財産または収入によって差別してはならない」（憲法第四四条）とされている。私的領域においても尊重されるべき「人間」の権利である自由・平等の原理を採り入れて（年齢や国籍など若干の例外を除く）、公的領域での「市民」の平等を宣言したものである。当然、富の多寡や大企業の経営者・派遣労働者といった市民社会での経済的地位とは全く関係なく「一人一票」であり、したがって選挙を通じての国政への影響力は同一のウエートである。だからこそ逆に、投票箱のほかに企業献金やパーティー券の購入といった二重三重の迂回路が設定される。公的領域においては平等だけでなく諸々の「自由」についても平等に配分されている。憲法上誰であれ令状がなければ逮捕されないし、自己に不利益な供述を強要されることなく、また裁判所において裁判を受ける権利を保障されている。まさに「平等な自由」である。ところが、市民社会の経済の次元においては事態は一変する。超富裕層への富の集中と驚くほどの経済格差（ワシントンでのオキュパイ運動として世界的に注目を浴びた一％の巨万の富をもつ者と残り九九％の人々）の出現である。リベラル・デモクラシーの西ヨーロッパや北欧型の下であれば累進課税制度による所得の再分配政策が採られ、極端な格差の是正が試みられるのが通常の経済政策であろう。しかしラディカル・デモクラシーにおいては政治権力に関して直接民主制が展望されているように、さらに経済的権力についても同様の原理の適用が考えられる。敷衍すれば、公的領域での「市民」の平等原則を今度は反転して、市民社会での私人という「人間」の関係にも貫徹する、あるいは政治権力に対してだけでなく経済的権力へも民主主義を拡大・深化させるという試みであり、そこにラディカル・デモクラシーの核心を求めようということである。いかなる領域においてであれ、不平等な関係において下位の地位にある者が上位者の意思に逆らう自由があるとは言えないであろう。

＊6　ランシエールによる「統合」

「統合」の果てはどうなるのかという疑問が涌いてくる。ランシエールもまた人間と市民、私的領域と公的領域という二重性のからくりを暴こうとする。標的は「分割」に向けられ、自由を建前とする私的領域を公的領域から隔絶することによって人間に対する資本の無制限の支配を許し、平等原則の公的領域は諸制度の作動を独占する富裕層の市民によって私化されていると批判する。そして対抗措置として、この二重性の別の演出法（市民に対しては人間を演じ、人間に対しては市民を演じるという役割の転換を図る）を編み出し、「政治的呼称としての市民は、法とその原理によって定められた平等の規則を、『人間』すなわち生まれや富の権力に従う私的個人の特徴である不平等に対置する。そして逆に『人間』への言及は、万人に等しい能力を、あらゆる市民権の私化に対置する」。具体的には、受動的市民として公的領域から排除され家庭や職場という私的領域に閉じ込められていた女性や労働者あるいは移民やサン・パピエの「市民」としての不平等に対しては、「人間」としての平等の原理を対置し、人種や肌の色によるアパルトヘイトという「人間」としての不平等に対しては、憲法の掲げる「市民」としての平等の原理を対置するといったようにである。確かにこの対置法は非常に効果的である。しかし、「民主主義運動とは……公的人間の平等を共同生活の他の領域へ、とりわけ資本主義の富の無制限化が支配する全領域へと拡げる運動である。また、たえず私化される公共領域が、すべての人、とるに足らない人々のものであることを再度主張するための運動でもある」といわれると、公私の区分を前提にした上でその配置・再配置が問題にされているのであれば別であるが、区分自体が否定されるとすれば人権の権力への対抗性は見失われ、公的領域があらゆる共同生活に介入してくることをチェックできず、人権論が権力論に反転するのではないか(佐々木允臣「人権(論)の分岐点」憲法理論研究会編『危機的状況と憲法』敬文堂、二〇一二年、一四五―一五一ページ)。

このような経済の民主主義化の構想は直ちにかってのソ連型社会主義経済下での私的企業の国有化を想起させるであろう。しかし今日では協同組合型をモデルにした協同組合型社会主義[13]、フランスでのトックヴィル的伝統を継承した第二左翼によるサンディカリズム[14]、『二一世紀の資本』で世界的に有名になったT・ピケティが示唆する非配当と出資額に必ずしも比例しない議決権制度による「非営利企業」モデル(この新しいモデルは「私的所有の概念自体や資本主義を民主的に乗り越える可能性について、もう一度考えてみようと私たちを促す」と述べている[15])、さらに、いわゆる六八年五月革命前後の自主管理型社会主義など色々あり、実体経済を無視した投機資本主義に取って代わるモデルを真剣に考えてみる時機であろう。ただ紙幅の関係上この問題は棚上げして、最後に近代原理の遺産である国家と市民社会の分割の問題に再度触れることにしたい。

通常、国家と市民社会というフレーズを用いた場合、国家に対して市民社会は私的領域であり、それはまた主として企業を中心とする経済社会が中心的地位を占め、国家の介入し得ない聖域であるという了解が支配的であると思われる。しかし、筆者が夙に言及してきたのは国家と市民社会という二元論的な構成と違って、国家＝公的領域、市民社会＝私的／公的領域、個人・家族・友人などの親密圏＝私的領域という三元論的な分割である。その中でも重要なのは、市民社会のうち営利を目的にした企業と非営利のＮＧＯ・ＮＰＯ・クラブ・教会その他の自発的結社との区別である。そして筆者がラディカル・デモクラシーの公的領域と同様の平等原則の貫徹を提唱しているのは、市民社会の中の主として企業ないし経済社会に対してである。それ以外には、当面、リベラル・デモクラシーの「分割」という貴重な遺産を継承して、いかなる権力といえども介入を控えるべきであり、違反すれば個人の自由権の侵害あるいは諸関係の自由の侵害という判定を免れることはできないであろう。

それにしても、ラディカル・デモクラシーがどんな経済制度を取るにしろ重要な論点がまだ残されている。その第一は、バブル崩壊後ここ二〇年以上に渡って格差社会の到来に見舞われているとはいえ、長年経済的豊かさを享受し総中流意識が話題になったわが国で、大量生産・大量消費・大量廃棄のハイパー消費社会から生活の質の根本的な見直しを迫るようなプロジェクトが果たして可能なのであろうか。第二に、各国間のそれこそグローバルな競争の激しい現代において、かっての「一国社会主義論」に当たるような単独で新たな社会の再構築を求めることが果たして現実的に可能なのであろうか。

三　日本の分岐点

われわれは今どこにおり、これからどこに向かおうとしているのであろうか？　現行憲法の下でリベラル・デモクラシーを創出し維持していることは否定しえない。二大政党制とそれに基づく政権交代が未成熟で議会制民主主義が機能不全をきたしているとか、女性や子供・高齢者・外国人などの人権が十分尊重されていないとか、著しい経済格差等々、いろいろ問題が指摘されて久しい。総体的にどう評価するかは筆者の能力を遙かに超える問題であり、そこで日頃考えていることを二点ばかり書き留めて終わりにしたい。

一つは、現状を評価する共有された座標軸とそこから生まれる選択肢がないということが切実な問題だと思う。たとえば、資本主義陣営 vs.社会主義陣営という戦後の国際秩序（暫くして鉄のカーテンによる「冷戦構造」と呼ばれることになる）の下で、五〇年代はわが国の独立を巡って全面講和か片面講和か、六〇－七〇年代はいわゆる「五五年体制」に反映される資本主義（陣営）か社会主義（陣営）か、という具合に事の善し悪しは別にして争点が極めて鮮明であったし、しかもそれをデモクラシーを所与の前提に、保守は座標軸をリベラルに、左翼はソシアル・デモクラシーにおき選択肢の論争を展開することができていたのである。ところが八〇年代から九〇年代にかけて「大きな物語」の終焉といわれる思潮を伴って、社会主義圏の崩壊やネオ・リベラリズムによるグローバリズムの波が押し寄せはじめ、経済的・技術的・学術的に世界水準に達するか落ちこぼれてしまうのか、経済的効率性か（所得や地域の）格差是正か、グローバリズムか（国旗国歌や、靖国神社参拝、ヘイト・スピーチなどの）ナショナリズムか、（諸外国や近隣でのテロリズムや国内での動機不明の大量殺傷事件を契機とする）監視社会か安全か、今世紀に入っては継続するこれらの問題の上に、現行憲法を改正（改悪？）するか当面そのままか、（東北大震災を経験して）脱原発か再稼働か、など重大な争点が公的領域や私的領域、その中間に位置する公共空間にも問題群として提起されるという状況になってきた。

これらの諸問題には、互いに重なり合ったり密接に関連したり相対的に独立したりで一括して総体的に評価しにくいという特徴がある。財界およびアメリカ寄りか国民生活重視かと一応言えるとしても、（小選挙区制に基因する）自民・公明与党の国会での議席数は他の野党を圧倒しており、聞く耳をもたない与党に何をされても他の選択の実効性は見込みなく、ただ閉塞感のみが漂っているやに見える。対抗軸として確固たる決意をもってラディカル・デモクラシーを、せめてソシアル・デモクラシーを提起するくらいの創造的活動の展開が期待できれば良いのであるが。

もう一つは座標軸の設定や選択肢の提示が難しくなってきたその補足でもあるが、しばしば指摘されるように、これまで重大な危機や変革に直面すると日本は諸外国のその時々の高度な文明をいち早く摂取し、固有の風土に合うように土着化して上手く乗り切ってきた。しかしそうした摂取が自発的にできるときはよいが、「外圧」という形で受け入れると様々の後遺症に悩まされることになる。たとえば、近代技術で武装した欧米列強からの圧力によって長い鎖国時代に終わりを告げ、明治維新によって富国強兵をスローガンに近代化の道に踏み出した。その際、立憲主義思想をものにして大日本帝国憲法を制定することとなったが、天皇機関説問題や統帥権を盾とする軍部の暴走に見られるように、神勅に基づく天皇制という日本固有の風土によって欧米風の立憲主義は土着化に十分に成功しなかったのではないか。戦後日本は、今度も連合国の「外圧」によって中途半端に止まっていた近代化の残滓を捨て現代化に乗り出すこととなったが、日本国憲法を押しつけられたと歯ぎしりする人たちは自虐史観を呪い現憲法の無効をさえ唱えている。近年は敗戦の結果受け容れた戦後の国際秩序を否定するかのように、近隣諸国の軍備拡張や領土問題の緊張を根拠に、手品師が帽子から何でも取り出してくるように憲法九条や九条に関する歴代の政府見解、判決例から望むものを好き勝手に取り出して鬱積していた本音を過剰に排出している感がある。やはり欧米起源のいわゆる普遍的原理を受肉化した諸々の人権や立憲主義は日本の風土には合わないのであろうか。本書が基調にしている自由・平等の配分に基づく類型化など、それだけで拒否される可能性は高い。

たしかに「外圧」はコントロールの効かない外部の圧力ではあるが、しかし「外圧」のすべてが受け容れがたいものであるのかどうか、あるいは「外圧」を受けないよう日頃から外交努力をしておくとか、それでも「外圧」が避けられない場合には「外圧」の何を問題にし、どのようにして解決するかを内部の問題として慎重に検討することはできるはずである。当然に国内での対立を引き起こすことになるが、「和をもって貴し」の精神で本音と建て前を使い分け腹芸で処理してしまう前に、あるいは「外圧」からの緊張を極度に煽って問答無用とばかりに一挙に多数決で決着をつけるようなことをする前に、その対立を言説化することが必要であろう。その際大事なのは、「外圧」をあたかも内発的な展開であるかのように装わないことである。たとえば、尊皇攘夷がいつの間にか開港・文明開化・和魂洋才・脱亜入欧・富国強兵と変容したように、あるいは敗戦が終戦となり日米の従属的な同盟が対等な血の同盟になったかのように。それは単なる「自発的隷従」の言い換えに過ぎないであろう。歴史的事実に正面から向き合い、因果の連鎖と責任の所在を討議してゆくのがリベラル・デモクラシーの利点のはずである。ナチスの手法を勧めた博識豊かな閣僚がいたが、国際環境といった「外圧」を機にリベラルさえ捨て去ろうとするような愚こそは避けるべきである。

＊7 「外発的な」近代日本の開化と夏目漱石の評言

明治維新の前年に生まれた夏目漱石は、二〇〇年来の鎖国政策を採ってきた日本が僅か五隻のペリー艦隊によって開国を迫られ西洋化を急速に推し進めざるを得なくなったと述べた上で、「西洋の開化（即ち一般の開化）は内発的であって、日本の現代の開化は外発的である」、その特殊事情と歪みを簡潔に説明している。外発的であるということを一言でいえば「現代日本の開化は皮相上滑りの開化であるということに帰着するのである」、その結果「こっちで先方の真似をする。しかも自然天然に発展してきた風俗を急に変える訳にいかぬから、ただ器械的に西洋の礼式などを覚えるより外に仕方がない。自然と内に醗酵して醸もされた礼式でないから甚だ見苦しい」。朝日新聞社による講演の中での話なので高尚な論点について詳細に展開されてないが、その結論が興味深い。「私の結論はそれだけに過ぎない。ああなさいとか、こうしなければならぬとかいうのではない。どうすることも出来ない、実に困ったと嘆息するだけで極めて悲観的の結論であります」で終わっている。そして、真面目に考えると大抵のものは神経衰弱に罹りがちじゃないかと冗談交じりに注意を促している（「現代日本の開化」三好行雄編『漱石文明論集』岩波文庫より)。

(1) 憲法(学)に関わる思想として社会契約論と立憲主義があるが、両者には対立する面があるにもかかわらず筆者が手にした限りでのテキスト(それも極めて少数であるが)にはその点への言及がない、と別の論文で記述したことがある。しかしこれは全く不勉強に基づくもので弁解のしようがない。とくに西原博史『自律と保障』(成文堂、二〇〇九年)は「国家の社会契約論的な存在理由と人権の保障」と題して長い記述がある。不明を恥じ、お詫びを記しておきたい。

(2) Ｐ・マナン『自由主義の政治思想』高橋誠・藤田勝次郎訳、新評論、一九九五年、一三一ページ。井上幸治氏にも同様の指摘がある。「モンテスキューを十八世紀の哲学者たちと区分するのは、自然法に対するかれの消極的態度である。イギリスの政治学者ヴォーンによれば、十七、十八世紀の政治思想家のうち社会契約論にとらわれなかったのはヴィーコとモンテスキューのみである。自然法学派に共通な点はロックやルソーに代表されているとおり、社会の起源を解明することと、人間の自然状態と社会契約を連関的に説明することである。……モンテスキューの経験主義からみると、……歴史具体的事実を理解しようとせず、新しい市民社会秩序を建設しようとするとき、事実の世界を問題にしない」と(井上幸治責任編集『モンテスキュー』世界の名著、第三四巻、中央公論社、三八ページ)。

(3) 樋口陽一『憲法　近代知の復権へ』平凡社ライブラリー、二〇一三年、一〇六ページ。

(4) 杉田敦『政治への想像力』岩波書店、二〇〇九年、一一七－一一九ページ。

(5) 樋口陽一「自由をめぐる知的状況―憲法学の側から」『ジュリスト』九七八号、一九九一年、二〇ページ、『憲法という作為』岩波書店、二〇〇九年、九ページ。

（6）P・マナンは「近代人の自由は分割の組織化に基づいている」とし、その具体的な制度として職業あるいは労働の分割、権力の分割、教会と国家の分割、市民社会と国家の分割、代表される者と代表する者との分割、事実と価値あるいは科学と生活の分割の六つを挙げている。Cf. P. Manent, Cours familier de philosophie politique, Gllimard, 2001, pp.27-28.

繰り返し述べることになるが、一九世紀前半のフランスにおいてコンスタン、ギゾー、トックヴィル等によって確立されたリベラリズムにとっては、人権は個人の権利である以上に「分割」の原理に基づく国家の介入できない領域（市民社会）の設定であり、リベラルな国家像の提示であった。別様に言えば国家権力を制約することが個人の人権の尊重に結びつくという立憲主義的な見解が形成されたのである。これに反し、わが国においては種々の歴史的事情で人権を専ら個人の権利と捉え、国家、個人、社会との関係の中での位置づけという社会的視点が弱い。したがって、人権を国家に対抗する権利としてではなくむしろ私人に対する権利と捉え、国家はその侵害を予防したり救済する機関であると理解する傾向が強いように思う。立憲主義というよりも社会契約論的な発想である。いやむしろパターナリズム的な国家像の色彩が濃いと言った方が良いかもしれない。L.Ferry, Sagesses d'hier et d'aujourd'hui, Flammarion, 2014, pp.557-561.

（7）樋口陽一『個人と国家』集英社新書、二〇〇〇年、八三、九三ページ。

（8）柄谷行人『倫理二一』平凡社ライブラリー、二〇〇三年、一九三―一九七ページ。なお、「＊4 フランスにおける左翼」においても触れたが、アギュロンがフランスの「左翼はカント的モラルの政治への適用である」という興味深い定義を披露し、さらに誰にでも理解でき・すべての人々に受け入れられ・（社会の統治を含めて）万事に適用しうる人間理性の諸基準に基づいて「善きこと」を生み出そうとする啓蒙主義哲学にその淵源を見いだしている。ただ筆者は、未来社会の到来の根拠を歴史的必然に求めるにしろ道徳的要請に求めるにしろ、要は人々が望まない限りは現実的には意味がないので、やはりカストリアーディスの主張するように「自分は自由でありたい、自分に関わる決定には参加したい、自分の境遇を他人に決めて欲しくない」という「政治的・人間的要求」に求めたい。Cf. M. Agulhon, Qu'est-ce que la Gauche?（1996）in J. Julliard & G. Franconie, "La Gauche par les Textes 1762-2012", Flammarion, 2012, p.39. C. Castoriadis, Une Socité à la dérive, Seuil, 2005, p.188.

（9）柄谷行人『哲学の起源』岩波書店、二〇一二年、二〇－二三ページ。

（10）C. Castoriadis, Un Société à la dérive, Seuil, 2005, p.188.

（11）『社会契約論』桑原武夫他訳、岩波文庫、八六ページ。

（12）同前邦訳書、三一ページ。

（13）経営共同体に構成員が平等に参加（決定と実行）するということは、現在の資本主義企業においては考えられないことである。資本主義的な生産手段の私的所有を共同出資の協同組合的な組織体にとって代える質的な変革が、当然、権力の担い手の交代とともに必要とされる時代が到来するであろう。ラディカル・デモクラシーの経済構造にとって、協同組合主義的社会主義は資本主義に取って代わる重要な選択肢の一つである。国連は、一日一ドル未満の収入しかないような飢餓に苦しむ人々を少なくするため行き過ぎた市場原理主義の制御を目指し、二〇一二年を「国際協同組合年」と定め、それに呼応して世界各地で様々のイベントが開かれた模様である。わが国は農協や生協を中心に約三万六千の協同組合があり、メンバーは約八千万人を数えている。もしいつの日か生産－消費の重要なセクターになるとすれば市民社会の民主主義化に大きな影響を与えるであろう。内橋克人「『社会変革の力』としての協同」『世界』二〇一二年一一月号、一九六－二〇四ページ参照。

（14）L. Ferry, Sagesses d'hier et d'aujourd'hui, Flammarion, 2014, p.18.

（15）〈ピケティーコラム―デジタル革命の最大限活用を―〉朝日新聞、二〇一五年三月六日付。

エピローグ：ラディカルな人権論と統制的理念

（ⅰ）結局のところリベラルとラディカルとの二者択一という局面になるのであろうか？　これまで述べてきたように選択に当たって躊躇する両者の最大のデメリットは人権の諸要素を分割して考えるリベラルの立場では、「私的領域」において「人間」として把持する「自由」の行使が権力に干渉されることなく「個人的自律」として尊重される反面、〈公的領域〉における〈市民〉としての権力の行使による〈社会的自律〉はせいぜい代表者を通じての間接的なものに止まること、未だ実現を見ていないので単なる憶測に止まらざるを得ないのであるが、諸要素の統合を図るラディカルな側では統合の結果、公私の区別が領域においても主体においても自律性においてもなくなってしまい、権力行使への直接参加による社会的自律によって却って私的領域での個人的自律が脅かされる恐れが強いということである。そこで筆者の結論は、デメリットを可能な限り最小化するため以下の二つの条件を満たすことを前提にラディカルな人権論に与することである。

その第一の条件としてまず確認しておきたいのは、共同生活を可能にするためには「すべきでないことはしないように」（たとえば殺傷や窃盗等）、逆に「すべきことはするように」（納税等）物理力を独占しそれを背景とする法・権力秩序の制度化が必要であること、しかしその際たとえ多数決に基づいてであれ物理力や制度によっても侵されてはならない幾つかの基本的な価値＝人権が設定されなければならない、というものである。その理由は、何度も言及するが、市民と国家の規模に関する「比例中項」についてのルソーの分析にヒントがあり、直接民主制国家においては構成員は主権に参加する市民（citoyens）として自ら立法集会に加わり、決定をみた法律に臣民（sujets）ないし国民として服従することによって社会的自律を実現する。ただ市民は集団として主権の行使に参加するので、主権者の員数比によって法案の採択に当たっての寄与率ないし影響力は異なるが、国民は一個人とみなされるので仮に反対した法案であっても多数決によって決定されれば国民として服従せざるを得ない。ルソーのように「わたしの意見に反対の意見がかつ時には、それは、わたしが間違っていたこと、わたしが一般意志だとおもっていたものが、実はそうではなかった、ということを、証明しているにすぎない[1]」と断定し、同意しない法律に服従してもなお自由であるというのは――ルソー思想の解釈として色々あるにしろ――少し強弁すぎる。次に述べるように、そこはむしろ経験的にいって多数が必ずしも無謬ではないことを前提に、人権を権力行使への参加権に解消することなく多数決によっても制限したり奪われたりされることのない人権の想像的創出、という権力対人権という対立を残した構想が良いのではないかと考える。

（ii）筆者の選ぶ結論の第二の条件は、カントの構成的理念と統制的理念との区分に関係する。前者は現実に実現することが可能であり、また実現されるべき理念であるのに対し、後者は永遠に実現されることはなく、むしろそれに向かって進むべき超越的理念あるいは北極星のようにわれわれの現在地を知り、これから目指すべき方向を測るための基準値といった意味の理念である。これまで述べてきたリベラル・デモクラシーの政治体制やリベラルな人権論は言うまでもなく、ラディカル・デモクラシーやラディカルな人権論もまた構成的理念に属する。したがって実現された現状から両者のメリット・デメリットを比較考量し、それに基づいて選択することはもちろん可能である。しかし、それだけでなく、ラディカル・デモクラシーの場合であれば、さらに構成的理念が向かっていくべき例えば「平等で自由な人々による個人的・社会的自律」とか「自律的社会」といった統制的理念もしくは超越論的仮象に拠って、構成的理念はその現実化を評価、批判され、今後の行方を推し量られることにもなるのである。

ところで、人権論に関わってカントのこのような区分を採用するに思い至ったのは、繰り返し触れたように、われわれ人間の本性や人間の行う判断への懐疑である。というのも、人間は背反的な性質をもつ二面性から解放されることは不可能ではないかと思うからである。よく持ち出される性悪説と性善説の対比に見られるように、自己保存に直結する利己心と共存しない限りその自己保存も覚束ない故の利他心、両方の性向を時空を超えて人間は備えているのではないか。生産力が低ければ協業・協同以外に生きるための果実を手に入れる手段はないし、他方で生産力が高度になればなるほど自己の関わる分業は細密化し、これまた協業・協同がなければ完成された果実を手にする余地はない。共存・共生が避けられないとしても、一人一人がもつ利己と利他の割合は、それこそ状況や個々人によって無数に異なるであろう。神以外に一〇〇%善性の人間はいないであろうし（「神の沈黙」にあるように神のそれも怪しいが）、決して往生できない悪の見本のような人間もいないのではないか（「悪人正機説」もあるように）。かなり大雑把すぎるが、これまで述べたことと関連づければ、リベラル・デモクラシーやリベラルな人権論は人間の利己心を私的領域で大いに発揮することを奨励し、しかし生じた結果の不平等に関しては　市民としての公共的な利他心から不平等の是正を試みようとする。これに比較するとラディカル・デモクラシーやその人権論は、人間や市民の善性や利他心に余りに期待しすぎているのではないであろうか。もし存在する社会関係が変革され、ラディカル・デモクラシーが想定するようにすべての人が政治的主体として直接民主制（主として立法権への参加）を採用した場合を想像してみよう。自由が実現するのか恐怖政治が出現するのか。社会的自律が発揮され自律的個人が形成されたとして、果たして彼らは真・善・美と偽・悪・醜とを区別する理性、前者を好む良心、前者を選択する自由を身に付けているであろうか。[2] たとえそうした立派な人がいるとしても全員ではないであろう。『カラマーゾフの兄弟』のなかでカトリック教会の大審問官が復活したキリストを前に、「おまえは彼らに天上のパンを約束したが、もういちど言う。非力でどこまでも罪深く、どこまでも卑しい人間という種族の目から見て、天上のパンは、はたして地上のパンに匹敵しうるものだろうか？ それに、もし天上のパンのために何千何万という人間どもがついていくとしても、天上のパンのために地上のパンをないがしろにできない何百万、何千万というほかの人間たちはどうなるのか？それとも、おまえにとって大事なのは数万人の大いなる強者だけで、残りの何百万人、それこそ浜辺の砂のような無数の、たしかにおまえを愛してはいるが弱者である人間たちなどは、大いなる強者たちのための人柱に甘んじるしかないというのか」[3] と難詰する場面を思い出すのは強引であろうか。何千何万は人間の善性であり、何百万何千万は利己にのみ走る悪い面に言い換えることはできないであろうか。

出身地ギリシャにかって存在した直接民主制を終生念頭におき、その現代版とも言える自律的社会の実現を執拗に追求してきたカストリアーディスが、ギリシャ悲劇の根底に人間の「ヒュブリス」（驕慢）を読み取っていたのも参考になろう。かの自律的社会論によれば、人間の想像的創造力に基づいて社会は自己を制度化しつつも制度と化した諸々の制度によって制約されるというのであるが、筆者は社会の自己制度化運動をアプリオリに肯定し現実化可能な運動として考察する構成的理念としてではなく、むしろカントの統制的理念として理解すべきであると考えてきた。[4] だからラディカル・デモクラシーやラディカルな人権論も現行のリベラル・デモクラシーやリベラルな人権論とともに永続的に評価され批判に服さざるを得ないのである（因みに二〇一五年末時点での安倍自公政権をラディカル・デモクラシーの「平等な自由権」という理念に基づいて評価してみれば、第四類型の戦前への復古主義的傾向とアメリカ型のネオ・リベラリズムの奇妙な混合型であり、せめてヨーロッパ型へ、出来ればさらに北欧型へ移行してもらえれば、美しいばかりでなく安心で希望のもてる日本になるのではないかと思う。他方、ラディカル・デモクラシーはまだ実現を見ていないので評価しにくいが、理論レベルでの最大の難問は、既述のように自律的社会を創る自律的人間はどのように生まれ成長してくるのか、あるいは自律的社会の方が自律的人間を先に生み出すのか、この因果の悪循環を断ち切る方法は果たして存在するのか、「教育」がキーになると思うが、ではその教育を担う教育者は誰がどのように育てるのか、といった点である。結局のところ、リベラル・デモクラシーの下で「平等な自由権」を模索する人権vs.権力という対抗運動の中にしか悪循環を断ち切る芽は生成し得ないのであろう）。

（1）『社会契約論』桑原武夫他訳、岩波文庫、一五〇ページ。

（2）「サヴォワの助任司祭の信仰告白」に「よいことを好むように良心を、それを知るように理性を、それを選ぶように自由を、かれはわたしにあたえているではないか？」とある。ルソーの人間観・道徳観を示したものであろうが、啓蒙主義時代の批判的インテリのスタンダードな信条とみてよいであろう。ルソー『エミール』中巻、今野一雄訳、岩波文庫、一八〇ページ。なお、カントは人間を以下のようにもう少しシビアーに捉えていると思われる。「人間を作っている〈樹〉がこれほど曲がっているのに、完全に真っ直ぐなものを作りだすことはできないのである。だから自然は人間に、この理想に近づくことを課題として定めているのである」（「世界市民という視点からみた普遍史の理念」『永遠平和のために』中山元訳、光文社古典新訳文庫、四七ページ）。

（3）ドストエフスキー『カラマーゾフの兄弟』第二巻、亀山郁夫訳、光文社古典新訳文庫、二六九―二七〇ページ。池澤夏樹は大審問官と同様の趣旨をマルクス主義に拡げて次のように書いている。「社会主義は人の本性をあまりにも高く評価していたのではないだろうか。自分の利のためではなく、社会という抽象的なもののために誰もが粉骨砕身して働くと信じたのではないか。マルクスは、当時の粗野な資本主義の欠点を革命によって一掃すれば、そのまま理想的な社会が現出すると信じていたのかもしれない。……事態はなぜかキリスト教によく似ている。いろいろな意味でマルクス主義はユダヤ＝キリスト教と関わりが深いが、人間の性格をあまりに高く評価するという点では特にこの二つはよく似ている」（『楽しい終末』中公文庫、二〇一二年、二七二ページ）。かって存在した社会主義圏での権力の地位に就いたエリート層を余りに買い被っているように思える点を除けば、共感を覚える。

（4）佐々木允臣「人権、自由主義的・立憲寡頭制と自律社会主義的」、『島大法学』第五一巻、第二号、二〇〇七年、一〇五ページ。

補論　日本における人権意識の特徴
――自律的社会と雑種文化との距離――

今世紀に入る少し前から「二一世紀は人権の世紀」というフレーズがよく見受けられたが、どうしたことか皮肉にも二一世紀に入った途端、あまり目にしなくなったような気がする。流行語とか単純化されたスローガンの類の宿命と言えばそれまでのことである。ただ、新しい世紀においてはすべての人の人権が本当に尊重されるべきだということの意気込みの浮沈は、一方でフレーズの提唱されたこの時期、「人権教育のための国連一〇年」（一九九五―二〇〇四年）に関連するものであり、他方で時期的にもほぼ重なる行財政改革の結果（一九九六年・第二次橋本内閣による「六大改革」の提唱、二〇〇一年・小泉内閣による「聖域なき構造改革」の提唱から今日まで）、不平等社会・格差社会の到来が告げられている昨今のわが国の状況を考えると安易に見過ごしていいとは思えない。言うまでもなく、人間であるというだけで認められる「尊厳」を根拠に万人に「平等」に尊重されるべきこの人権の理念と、「不平等」ないし「格差」という現実とは明らかに非両立的であるからである。と言っても、いつまでも一致することのない存在と理念の二元論的対立から見てのことではない。一〇年に及ぶ行財政改革の帰結として浮かび上がってきた期待される理想は、自己決定・自己責任に耐えうる競争的人間像であり、人権（論）の類型で言えば〈自由〉を人権の核心とするかっての西欧型に近い着想であり、決して人権の理念そのものを正面から否定しているわけではない。むしろ、後述するように〈平等〉を軸とする日本社会の伝統からアメリカ型の〈自由〉を中心とする新しい社会編成へのラディカルな変換が目指され、その現れと思われるのである。

しかし、この際、改めて考えるべきは、単に平等から自由への重心の移動だけではない。それ以上に、西欧起源の「自由・平等・友愛」という人権の三位一体が、わが国でどう理解され、どのように受肉化されてきたのか、を問うことであろう。というのは、それらは必ずしも西欧流に理解されて来たわけではないし、したがって自由から平等（とりわけ実質的平等）への人権の歴史的展開を背景にしているわけでもなかった。それ故、平等から自由への重心の移動も単純に逆流現象として捉えるのはナイーヴすぎるであろう。もっとも、筆者は西欧起源の諸観念は西欧流に解釈すべきだと考えているわけではない。それこそ悪しき西欧普遍主義であり、一種の原理主義に他ならないからである。移植される土壌に合わせて開花しても一向構わないはずである。ただ、開花の仕方に問題があり、移植された自由なり平等にそれなりの内実（規定と内在的制約）があるかどうかこそが検討される必要がある。本章では、それらの諸観念の日本流の理解とその上での近年の重心移動の意味について、幾ばくかの試論を提示したい。

日本における人権意識の特徴については簡略ながら以前にも書いたことがあり、そこで触れた結論に変わりはない。少し違った資料を用いて敷衍して述べるに止めたい[1]。

一　人権意識の特徴

(ⅰ) まず、第一の特徴は、日本では人権のなかでは自由よりも平等の方に関心がある、という点である。今、手元に第五五回人権週間への関心を呼びかける法務局のチラシ（「育てよう一人一人の　人権意識」――二〇〇三年）がある（正確には、松江地方法務局のチラシ）。それによるとこの年度の強調事項は以下の一二である。「女性の地位を高めよう」、「子どもの人権を守ろう」、「高齢者を大切にする心を育てよう」、「障害のある人の完全参加と平等を実現しよう」、「部落差別をなくそう」、「アイヌの人々に対する理解を深めよう」、「外国人の人権を尊重しよう」、「HIV感染者やハンセン病患者等に対する偏見をなくそう」、「刑を終えて出所した人に対する偏見をなくそう」、「犯罪被害者とその家族の人権に配慮しよう」、「インターネットを悪用した人権侵害は止めよう」、「性的指向を理由とする差別をなくそう」である。恐らく、これは一九九九年七月二九日付で出された人権擁護推進審議会の答申「人権尊重の理念に関する国民相互の理解を深めるための教育及び啓発に関する施策の総合的な推進に関する基本的事項について」で触れられている「主な人権課題の現状」を要約したものであろう。[2] 定義上、人権は人種・国籍・性別・社会的身分等々個々の具体的人間が否応なく身につけている具体的な属性をすべて捨象して、単に人間であるという生物学的な性質だけで所有するとされる権利である。したがって、答申の言う「人権尊重の理念」に照らせば、性別・年齢・身体状況・国籍・出身地等を理由とする差別は理不尽であり、「国民相互の理解」を深めてこうした諸々の差別をなくすよう努力することは、人権週間に相応しい行事であることは否定できない。ただ、ここで強調する必要があるのは、列挙されている事項がほとんど差別の廃止（平等の実現）であるということである。あるいは差別の廃止という視点から課題が取り上げられ表現されているということである。たとえば、「性的指向」などは本人の自己決定権に属する自由の問題だと考えられるが、それが偏見に基づく差別の範疇に入れられて理解され表現されているように、わが国においては自由よりも平等というのが大方の関心である、と言っていいのではないか。

（ii）次に、第二の特徴は、人権の主たる侵害者は国家よりもむしろ国民相互である、というところにある。第一の特徴の根拠として用いた先の答申は人権の「教育及び啓発」に関するものなので当然といえば当然であるが、「このような様々な人権課題が存在する要因の基には、国民一人一人に人権尊重の理念についての正しい理解がいまだ十分に定着したとは言えない状況があることが指摘できる」[3]と述べて、差別による人権侵害を行う者が一般私人であることに注目している。これは人権侵害として法務省の人権擁護局に持ち込まれる事件の統計によっても裏付けられる。一九九〇年に法務局で受理した人権侵犯事件一万五三五三件のうち、「私人による侵犯事件」が一万五〇四七件（九八％）であるのに対し、「公務員の職務執行に伴う」侵犯事件は三〇六件（二％）[4]に過ぎないのである。もちろん、これには各地方法務局長が上位の機関に報告しなければならない「特別事件」がそもそも侵犯者として一般私人が想定されるようなケースを列記していることも関係しているであろう。[5]因みに筆者が居住している松江の地方法務局の二〇〇三年度に受理した人権侵害事件のまとめによれば、計二三二件のうち加害者が公務員だったのは一一件（五％、教職員による体罰等学校内での不適切な対応八件、警察官によるもの一件、その他二件）に対し、私人による侵害が二二一件（九五％、騒音等による近所どうしのトラブルのような住居の安全に関する侵害六七件、離婚の強要などの強制・強要四七件、プライバシー侵害二一件その他八六件）となっている。[6]この傾向は全国的にもほぼ同様と推測しても間違いではないであろう。それにしても多少誇張になるが、これではまるで「万人の万人に対する戦争状態」ではないか。ホッブスの言う争いの主要な原因である競争・不信・ほこり[7]が競争社会化しつつある現今の日本に過度に付け加わることによって、平等の重視が取り敢えず身近な者に注意を向けさせ、相手方を傷つけることになっているのであろうか。

(iii) 最後に第三の特徴として、お互いが可能な侵犯者であると想定されれば、人権の救済者として現れるのは挙げて国家以外にない、とする理解が導かれるということである。自由主義の伝統からいけば、物理力を唯一正当に保持する国家が自由への最大の干渉者であり、したがって「必要・悪」ということになるのであるが、第一の特徴に見られるような平等主義にあっては国家はむしろ差別や不平等を是正する救済者であり、したがって「必要・善」なのである。もっとも、国家の積極的役割についてのこうした肯定的評価には、社会権を保障した二〇世紀型の現行憲法が国土が敗戦で焦土と化した時期に生まれたという事情も重なっている。国家が介入を控えれば大方実現される自由権と違って、社会権の場合には資源の確保から所得の再配分に至るまで国家が目配りをする必要がある。人権らしい人権を日本人が初めて手にしたとき、つまり食糧の配給から始まって高度経済成長を遂げ経済大国として日本再生を果たしていく戦後数十年の時期に、民主主義権力へと変貌した国家は、所有権の制限を容認する労働基本権・生存権の優位性を認めて勤勉な労働力を確保し、いわば「官民一体」を体現するための格好の道具立てとして役立ち、必要・善として実感させるような役割を果たしたと言えよう。社会権を人権のモデルとして戦後を辿ったということが、第一の特徴である平等主義を因とし偏見・差別の廃止、格差是正を果とすることと結びつき、国家を人権の敵対者ではなく救済者と見る傾向を促進したのである。さらに、近年の悪化する治安状況を無視することもできないであろう。二〇〇四年一月に防衛庁立川官舎で「自衛隊のイラク派兵反対」のビラを新聞受けに入れたために住居侵入罪で三人が逮捕されたり、同年一二月政党のビラを各戸に配るためマンションの玄関先まで入ったところを住民に取り押さえられ、後に住居侵入罪で起訴されるといった表現の自由や政治活動の自由に関わるケースが生じている。平等ではなく自由に関係する点で興味深いが、ここではそれよりも逮捕の切っ掛けが住民による通報にあったという点である。とりわけ都会においてはピッキング等の増加による防犯意識の高まりにより住民側の被害者感情が変わり、警察の積極的対応が求められるような事態になっているようである(8)。ここでもビラを配ろうとする人とそれを迷惑がる人とのトラブルに警察が救済者として介入しているのである。市民警察と公安警察の境界も微妙になりつつあるとも言えよう。

以上の三つの特徴は、自由権を中心とする一八・一九世紀型の人権宣言によって国家の私的空間への干渉を排除しようとした西洋起源の人権理解とはかなり異なるところがある。いや、それ以上に対極にあると言っても良かろう。ただ、筆者は後述するように、そうした人権理解が全く間違っているとか、逆に日本での優れた応用であるとか、といった価値評価を加えているわけではない。憲法学で専ら用いられている人権という言葉が、日本において、日常用語としてはどのように理解されているのかという事実確認をしてみたというだけのことである。

二　特徴の原因・結果・行末

(i)　本節では三つの特徴の起点となる第一の平等の重視について主として触れることにする。

さて、明治以後の日本の文化に及ぼした西洋の影響について、かって加藤周一はその影響が枝葉末節ではなく広くかつ深い原理的なものである点で、イギリスやフランス文化の純粋性に比べ日本の文化は「雑種の文化の典型」ではないのか、という問題提起をした。しかも、それを慨嘆するのではなく文化的創造力にとって積極的に活用できるものだろう、という自己の信条をも付け加えてである。[9] この指摘を延長して、前節で述べた自由よりも平等を優先させるという人権意識の第一の特徴の「原因」は、西洋の自由権から出発した人権文化にどちらかと言えば平等を重視する日本の文化が絡むことによって生じたという風に理解できるのではないであろうか。というのは、氏は以下のように述べておられるからである。「日本社会の現状は、一方では平等主義の徹底、他方では個人の自由のタテマエと実際上の個人主義の不徹底に要約されるであろう。……その理由は、近代日本の歴史をふり返ることによって説明されるだろう、と私は考える。平等主義への志向は、突然敗戦後にあらわれたのでも、占領軍に『押しつけられた』のでもなく、あらかじめ日本の歴史のなかに存在し、段階を追って制度上の改革に表現されていた」と。[10]「あらかじめ日本の歴史のなかに存在し」というのは、具体的には徳川時代の身分制度を打破した明治維新が新たにつくり出した日本の土壌のなかに存在するということである。[11]

このように歴史に原因を求めることの外に、宗教・道徳・法などの根本にある精神的な原理に遡及する立場もある。その一人の河合隼雄は、西洋の父性原理に対して日本社会は母性原理を基礎にもった国であることを強調し、前者の父性原理が人々の能力や個性に応じて優劣の評価を下すのに対して、日本社会を規制する母性原理は何ものも区別しようとしない平等性を特性とすると述べている。そして「日本人の平等性の主張は背後に母性原理をもつために、能力差の問題にはできるだけ目を閉じてゆこうとする傾向をもつ。あるいは、時にそれはタブーにさえ近い。それが完全にタブーとなった状態を、筆者は『平等信仰』と呼びたい」[12]とまで述べている。さらに「ここで注目すべきことは、われわれが戦後の民主化を押しすすめてくるとき、母性的な平等性を旗じるしとしてかかげてきたのであり、そのため西欧の民主主義とは相当異なるものをつくりあげてきたという事実である。彼らの民主主義は能力差の存在の肯定を背後にもっている。……われわれが日本の社会における身分の考えを破壊し、なおかつ母性的な平等性を保持しようとするとき、それはどうしてもバランスを失い、どこかに歪みを生ぜしめてくる」[13]。そのバランスを回復するための影の動きとして、たとえば学習塾や家庭教師などの学校外の教育によって「他人と差をつけようと必死になる面」を挙げている。これを参考にして考えると、先に援用した審議会の答申にある各種の差別は単に古い偏見に基因するものだけでなく、逆にこうした平等志向に由来する歪みとしての不平等も幾つかあるに違いないと思えてくるのである。

（ii）すでに平等と不平等が実は表裏一体であることを示唆するような事例に触れることになったが、周知のように社会正義は歴史的にもプラトン・アリストテレス以来、「等しいものは等しく、等しくないものは等しくないように」取り扱うことである、という公式に要約されてきた。[14] 一方の要求のみが重視されれば、不正義として他方の要求が当然頭をもたげることになる。一律平等を旨とする機械（会）的平等を取り敢えず母性原理と同一視すれば、差異主義を旨とする幾何学的平等の父性原理との衝突を免れない。その逆もまた真であるが、しかし、平等をめぐる真の問題は等しく扱うべきケースと等しくないように扱うべきケースとを振り分ける平等の第三の基準がないことである。そのために両方が入り乱れるか一方のみが過度に重視されるといったことになりかねない。とはいえ、ここでは二つの平等におけるそれぞれの日本的特徴の「結果」について述べるに止めたい。前節で列挙したような諸々の偏見に基づく広範な差別が平等の名の下に指弾の対象にならざるを得ないという計り知れないプラス面の「結果」には触れる必要はないであろう。そこでまず、機械（会）的平等という形式的平等主義について言えば、〈とにかく、ならぶ〉[15]という習性、付和雷同という横並び主義・行列主義・集団主義・画一主義といった様々なレッテルで揶揄されてきた同調傾向を日本的特徴として指摘せざるを得ないであろう。あるいは、むしろ前述の歴史的ないし心理的原因に由来するそうした傾向が平等という建前の下に思考方法や行動様式として具現していると言った方が正確である、といえるかもしれない。ただし、これもあくまで内々のことであって、「日本国民」という資格をもつ者のみに多くの場合限定されている。いわゆる「外」の者に対しては拝外主義という思考様式が働き、形式的平等主義は沈黙するのである。しかし、これは既に「等しくないもの」という第二の差異主義の幾何学的平等への入り口である。もっとも、幾何学的平等としてここで主たる問題となるのは、社会権あるいは生存権を主柱とする実質的平等の方である。社会権を人権のモデルと考える実質的平等主義も、憲法上の規定を別にすれば、おそらく先の歴史的原因や母性原理に由来するところが大きいのであろう。ひと頃「一億総中流意識」と言われる程に少なくとも意識のレベルでは平等は行き渡っていたことも日本的特徴と言えるのではないであろうか。しかしそれも、わが国の場合、社会保障などに占める国家の役割はさほど大きくはなく、むしろ「小さな政府」程度であり、代わりに近年までは家族や終身雇用制に基づく会社に依存する割合が高かった。それがここにきて日本の平等神話の崩壊が語られ始めることになってきたのである。「新自由主義改革」の席巻の結果であることは言うまでもない。

（iii）すなわち、冷戦時代の下で頻用されたような階級社会といったボキャブラリーは影を潜めたとはいえ、ジニ係数等に基づいての格差社会の到来が告げられ、結果の不平等はおろか機会の不平等さえもが拡大しつつあると指摘されているのである。では、平等神話・平等信仰が姿を消し、平等よりも自由を優先させるということになるのが人権意識の第一の特徴の「行末」となるのであろうか。予測は困難であるが、対抗軸という基本のところで言えば、一九八九年を境にかっての資本主義対社会主義という軸に劇的に取って代わった『資本主義対資本主義』、すなわちアメリカ型資本主義対ヨーロッパ型資本主義という軸のいずれを日本（の国民）が選ぶかに掛かっている。[16] 今のところは自由を優先させるアメリカ型の市場原理主義の方向が優っているようであるが、果たしていつまで持続するのであろう。[17] ただ、政府の介入によって市場原理を規制し貧富の格差に配慮するヨーロッパ型に方向を変えた場合、そこでの平等主義は日本的特性をまだ帯びていると果たして言えるであろうか。人種差別や性差別などヨーロッパにおいても差別者は日本と同じように一般私人であり、フランスの差別を助長するような言論の規制やいわゆるパクテ法・パリテ法にも見られるように国家は救済者として立ち現れているのであるから。逆にアメリカ型のネオ・リベラリズムという潮流に沿って構造改革をさらに推し進め、「自己責任」を負いうる強い個人を生み出して、負荷の重い自由を平等よりも優先させるとすれば、確かに日本的特徴は大きく変容することになるであろう。

三　特徴の評価

（ⅰ）ピエール・ルジャンドルの「ドグマ人類学」に依拠して、ごく最近、アラン・シュピオというナント大の法学者が「人間性を読解する：人権の良き使用について」という論文の中で、人権に関する三つの原理主義的解釈を回避し、それに代えて人権を人類の共有資産とするような解釈を提示している[18]。原理主義的解釈の二つが本章の問題に関係するが、その第一はヨーロッパのメシア的な解釈で、西欧文化による文字通りの解釈を全世界に押しつけようとするものであり、第二はその反対に人権を西洋の優越性の印とみなし、文化的相対主義の名の下に他の文化を自らの内に取り入れることを否定するコミュニタリアニズムの立場である（なお、第三は人権を生物学や経済学のドグマに還元する解釈であって、ここには直接関係しない）。この分類は「原理主義的解釈」といった今風の用語ではないが、半世紀前に「日本文化の純粋化運動」という文句で人権意識の第一の特徴のところで触れた加藤周一の提起した二つの理念型に対応している。一つは純粋西洋化で、日本種の枝葉をおとして日本を西洋化したいという念願に基づくものであり、他は純粋日本化で、西洋種の枝葉を除いて純粋に日本的なものを残したいという念願に基づく見方である。もちろん、氏の提案は「日本文化の雑種性」を率直に認めて、純粋化を目指す精神運動の悪循環を断ち切る道であった。

その意味では日本における人権意識は雑種性のものであり、それが時に「日本的なもの」がより強く出て自由よりも平等を強調することになったり、西洋に追いつくための国家主導の「富国強兵」策の成功例（?）による「お上」意識の影響で国家が救済者として捉えられたりすることになるのではないか。もっともその雑種性の混じり具合は微妙であって一刀両断にはいかない。まず、日本に人権概念が憲法に導入されたのは既に二〇世紀の半ばであり、自由権ばかりでなく社会権も保障するという福祉国家の段階であった。貧富の格差を是正しようと経済分野に介入する「大きな政府」を歓迎する時代にあっては、欧米においても市民は押し並べてクライアントになる傾向があり、国家のなかに救済者の姿を見るようになる。それ故、第一・第三の特徴に関連する平等への志向と国家をその実現の手段視するのは必ずしも特殊日本的とも言えないからである。また、第二の特徴に関連し「国民の人権感覚においては、人権問題が多くは私人との関係において意識されているのはノーマルな事態であり、人権が国家に対する防御権であるという観念は特殊憲法的観念であることを自覚すべきだ」という指摘もあるからである(19)。すなわち、国家のみを名宛人とする規範である憲法は私人間の人権には直接関わらない。直接規律するのは法律、なかでも民法であり、民法により私人間の人権理念は現実化される。その点で、私人との関係において人権侵害を意識する「国民の人権感覚は正常であり、決して意識が遅れているわけではない」という従来あまり見られなかったオリジナルな指摘を無視するわけにはいかないであろう。

（ii）さて、西洋出自の「人権」の「日本的」特徴を主題としているので、筆者は上述のところから推察されるように加藤の所説をかなりの部分受け入れてここまで叙述してきているわけであるが、ただ氏は日本の近代化の評価に関して次のような極めて微妙な文章を挿入されている。「資本主義と議会制度はイギリスで『典型的』に発達した、日本での発達の歴史はその典型からはずれている、『ゆがめられた』ものだという話には、その話が客観的な分析にとどまるかぎり、つまり、『典型的』とか『ゆがめられた』とかという言葉に価値の感情が伴わぬかぎり、反対の余地がない。……ところが話が資本主義と議会制度の歴史的発展からイギリスにおける個人主義の確立というようなところへ移ると、客観的材料の客観的分析だけではめったにらちがあかなくなってくるだろう。誤解はその辺からくるだろう」[20]と。この言説にしたがえば、第一節や第二節で日本における人権意識の特徴およびその原因等で肯定的に援用した「日本文化の雑種性」は、本節の主題である「評価」という価値判断には有効性がないということになる。しかし、果たしてそうであろうか。現に、「和魂洋才という言葉は明治の文明開化の思想が富国強兵の理想といかに密接にむすびついていたかをよく示している」[21]という加藤自身の文章に見え隠れしているように、維新後以来、雑種文化を形成する二つの構成要素である「和魂」と「洋才」とが「思想」あるいは「理想」といった価値的なものを含んだものとして絡み合い、優位をめぐって厳しく鬩ぎ合ってきたのではなかろうか。実際、「文化」の雑種性が問題である限り、価値判断を終極的に回避することはできないであろう。たとえば、イギリスで典型的に発達した資本主義や議会制度が時間的にも空間的にも遠く離れた日本で十分に「土着化」したかどうか、十分にしろ不十分にしろ土着化したとしてどのように土着化したのか、その方法と内容は、といったレベルの問題は確かに事実の分析に止まって価値中立的に描くことは可能であるかもしれない。しかし、同時に、十分に土着したので「良かった」とか、不十分であったので「良くなかった」といった価値判断を伴わざるを得ないのではなかろうか。あるいは、その土着化は「日本化」されたもので西欧本来のものとは別物であって「良くない」、否、かえって「良かった」といったように。『典型的』には『典型的でない』、『ゆがめられた』には『ゆがめられなかった』という二項対立的な図式を成り立たせる完成態としてのイデアが常に付きまとっているのではないであろうか。ただ面倒なのは、そうだとしても「起源になるもの」が完成態で、したがって普遍的なモデルになるというわけではないということである。イギリスで発達した資本主義も議会制度も遅れてきた他国にとって一つのモデルに過ぎないのであって、普遍主義的なモデルには到底なり得ないものであることは今日では常識と言えよう。

（iii）では、純粋性を追求して雑種文化の一方に偏して西欧的であるか日本的であるかという基準によるのではなく、しかも価値判断を避けないようにするにはどうすればいいのか。以下は本章のアイデアとも関係する渡辺一夫のエッセイの一部である。「私は、日本が明治時代にひき始めたびっこをまだひき続け、方向は異なっても、何かの方向に雪崩落ちないとどうにもならぬような気がしてならぬ。平和になったからと言ってだらけ切り、自由になったら責任は忘れられ、民主主義とやらになったら、数と衆だけが羽振りをきかせ、権利が重んぜられると義務が棚上げにされ、自制を伴わぬ消費や、懐疑を知らぬ信念や、歴史を恐れない行動や、人間が自分の作った制度・組織・思想・智識・機械・薬品を使いこなせず逆にそれらに使われている例が、日毎に見られるように思う。これは、日本が一夜にして『文化国家』に早変わりした当時から見られ始めた現象であるが、『経済大国』なるものに『変身』した現在、一段と顕著になってきている。何か大切なことが忘れ去られているような感じであり、バベルの塔の物語や『ヨハネ黙示録』に想いを馳せることが多い」と。(22) 二項対立的発想が酷評の対象にされるのが暫く前までの流行であったが、忘れ去られているような感じのする何か大切なことを思い出させてくれる新鮮な響きを受ける。ラブレーの描いた人間像の中に「人間が自分の作った思想や制度や利器を使う代わりに、逆にそれらに使われるという人間不在現象」[23]を取り出した著者ならではの時代の流れを読み切った文章のような気がする。ただしかし、対立する二項（自由―責任、民主主義―多数決、権利―平等、消費―自制等々）を指摘するだけでなくそれらを結びつけ、しかもなお人間不在現象という疎外を克服して「自律的」であることに拘り続けるには、自律的社会の構築を目差したカストリアーディスの所説がここでさらに参照されるに値するであろう。諸々の制度の創造主は人間以外にはないと考えるカストリアーディスは、その人間が自ら制度化したものに支配されないためには制度化したものの限界を常に意識しておくことの重要性を説いた。とりわけ自律的であろうとするために、この際最も重要なのは、神の命令・自然法や歴史の法則といった人間の手では左右できない超越的規範からの制約を廃することであったが、制度の「限界」の必要性、しかしその「限界」を確定する超越的なものの不在、この非両立的状況を彼は悲劇の体制としての民主主義の重大な特徴と位置付けつつ、この隘路を突破するには「自己制限」しかあり得ない、と考えた。したがって、ここで考え得る「限界」とは、自律としての自己制限により設定される境界線、馴染みの用語で言えば内在的制約のことである。カストリアーディスによれば、人権とはそのような権力による権力の自己制限の結果であるが[24]、同様の趣旨は人権にも人権による自己制限の結果としての限界というものがあるのではなかろうか。

もし肯定的に答えうるとすれば、先の渡辺の指摘を次のように再定式化することができよう。

自由には、平等に他人にも同じような自由があることを認め、それを侵害しないという自己制限に伴う義務があり、そうした限界を越えた場合には責任が生じること、平等には、機械的平等と幾何学的平等のそれぞれの守備範囲があり、それを越えるとかえって不平等になるということ、自由と平等の両者の関係については、不平等な立場にある者の間に（命令する者と単にそれを実行するに過ぎない者との間に）自由は存在し得ないという限界があり、自由は平等を伴わざるを得ないということを認めること、懐疑を伴わない絶対的真理という信念は限界を破って他の信念の共存を許さない独裁に陥りやすいこと、懐疑を伴う信念の間では民主主義的多数決はやむを得ないとしても、なお多数決をもってしても奪い得ないような権利という限界が人権として存在すること、等々いかなる制度や思想であろうとも限界を守ることによって両面のバランスが保たれ初めて存立する、ということである。そうでない場合には、どちらかの方向に雪崩落ちるというマイナス評価を受けるような事態となってしまう。

（ⅳ）前述した人権意識の特徴は、それではどのように「評価」すべきであろうか。まず、自由よりも平等が優先されるという傾向についてどうであろう。自由を拘束の欠如あるいは規範創造的自由と解するにせよ、平等のように他と比較して同じようなレベルに達することを目指すものではなく、むしろ他との差異を追求するところに自由の核心が見出せよう。レッセ・フェールが結果の不平等に帰着することが多いのも自由の特性の故である。したがって、自由よりも平等を優先させるとしても、一定の限界を超えて自由を伴わない平等の重視という意味での平等主義であれば、得てして無個性の横並び主義・画一主義・集団主義等々を生み出しかねない。既に前節で特徴の「結果」として述べたこうした種々の同調傾向を見ると、もはや臨界点に達する寸前ではないのかという危惧さえ感じるのである。また、自由を伴わない平等によって全員の安全を重視するあまり監視社会を到来させるような場合も考えられるし、防犯カメラの設置や再犯防止のための法務省と警察庁による出所情報の共有化等その兆候も散見される（もっとも、これはわが国だけのことではなく、いわゆる九・一一以後の世界的な現象であるが）[25]。その点で、第一の特徴の今後の帰趨は大事である。とは言え、現在進行中の平等なき自由を推奨している訳では決してないことを念のため付け加えておきたい。

次に、私人間による侵害が人権問題の大半の場合に想定されているという第二の特徴についてはどうであろうか。人権が私人によっても侵害されることは当然あり得るにしても、ここでの焦点はそちらの方が例外ではなくて「原則」として類型化されているという問題である。平等はあくまで比較であるから、一方では偏見等に基づく差別や不平等の存在が「等しいものは等しく」という正義感覚からその是正を目指す形式的平等主義の追求を生み出し、他方では「等しくないものは等しくないように」というもう一つの実質的平等主義の感覚から、差別ではなく区別・差異・相違といった名の指標で不断に不平等が再生産されるであろう。そして比較をする際、経験的にいってどうしても身の回りの人々がその対象になるのではないか。その限りで私人間で専ら問題になるのは必然的ですらあろう。ただこの先に横たわる問題として、いかなる根拠に基づいて二つの平等のいずれに振り分けるか、そのメタ的な第三の基準がなく悪循環を避けることはできない。取り敢えずはその時々の社会的コンセンサスを基準として通用させる以外にないが、コンセンサスの中味は実際には多数派の価値観によるものであり、それ自体が議論の争点となって対立が続くであろうが、問題はこの対立・論争が閉じられることがあってはならない、という点である。この不一致に耐えられる程の成熟した民主主義社会であれば平等をめぐる対立や紛争は正常であるが、そうでなければ単なる悪循環として病理の診断を下さざるを得ないであろう。自由を伴わない過度の平等主義が後者に属することはいうまでもない。

ところで、「諸条件の平等」という視点から民主主義時代・社会を解剖して見せたトックヴィルは、自由よりも平等を優先させる特徴を再三指摘している。そして、その特徴から次のような帰結を導き出す。「民主主義時代の人間は、自らの平等者である隣人には、嫌々ながら服従する。けれども彼はこの隣人に、自分の教養よりも高い教養を認めようとはしない。彼は隣人の正しさに疑いをもち、そしてまた隣人の権力を嫉視する。彼はこの隣人を恐れるが、また蔑視する。彼は隣人と共に両方共が同一の主人をもっていて、共にこの主人に共通に従属していることを、いつでもこの隣人に感じさせることを好む。あらゆる中央権力は、その自然的本能に従って、平等を愛し、平等を奨励し、支持する。なぜかというとこの平等は、このような中央権力の作用を著しく容易にし、これを拡大し、そしてこれを保証するからである」、「それ故に民主的国民において、諸権力の中央集権化と個人の隷従化とは、平等と無知とに正比例して増大してゆく」[26]と。

平等な者の間の対立を孕んだ厳しい競争関係、それを緩和するための中央集権化の推進とそれへの服従。こうした文章を目にすると、国家を人権侵害の救済者と見る第三の日本的特徴は必ずしも日本的ではないような気にさせる。その点では前節の「行末」の項で述べたように欧米と同じような軌跡を辿っていると言えよう。しかし、前述した第一・二の特徴から出てくるマイナス面と統合的に考えるとすると、トックヴィルの描写は今日のわが国においてはますますその傾向を強めているのではないであろうか。すなわち、日本的に了解された自由よりも平等を優先させるという特徴は、自らの同一性を他者の中にも求めていくことであって、他者の他性を平等に尊重するということとは異なる。だからこそ、同類であるはずの一般私人が他者の他性への侵害者となって他人を差別する場合が多い。そして代わりに、国家が他性をもった他者に人権の根拠となる人間としての同一性を喚起し、人権の守り手になるという構図ができあがる。私人間の水平関係で生じた不平等が国家と私人間の垂直関係で是正されることが原則になるとすれば、トックヴィルの言う「諸権力の中央集権化と個人の隷従化」は、後年、ルフォールがその重要性を発見したラ・ボエティーの言う「自発的隷従」[27]という想像もつかないような事態にまで発展し、奴隷の平等状態といったブラック・ユーモアが到来するおそれがないとは断言できない。国家は「必要・悪」であるよりもむしろ「必要・善」であるという発想の強いわが国においては、昨今の日の丸・君が代をめぐる行政処分や安全を求めての監視社会化はその兆候といえるのかもしれない。[28]

おわりに

何らかについての「日本的特徴」というとき、当然、そこには「日本的でない特徴」との比較を前提にしている。そして「日本的でない」というとき、時折眼差しは鬼畜であったり対等なパートナーであったり目上の同盟国であったりするが、そこには「欧米的な」・「西洋的な」という含意が当然また横たわっている。明治維新以来の「和魂洋才」は執拗低音として今なおわれわれを制約していると言えよう。この補論は日本的特徴と西洋的特徴を日本文化のポジティヴな構成要素と見る「雑種文化」論をかなり参考にして論じたものであるが、ただ価値判断を避けられない第三節においては果たして首尾一貫しているかどうかについて些か心許ない。というのも、総体として三つの特徴に関してマイナス評価を下す基になった価値基準の「自律的社会」という発想がそもそも西洋的なものであるからである。[29]先に引用したエッセイの末尾で渡辺は「『西洋かぶれ』の私につけられたひだ」について触れ、「私は、『日本精神』について、また日本人について重大なことを見落としているに相違ない」[30]とも書き記している。恐れ多いが、本章とて同罪の誹りを免れないかもしれない。もっとも、いずれかの文化要素に優先的な地位を認めれば判断は容易であるにしても、両者共に同等なものとして認め、その上で「西洋的な」人権の「日本的な」理解・運用の特徴を評価するというのは、評価自体の可能性がまずもって問題とされなければならないであろう。換言すれば、「キリスト教の日本化」や「仏教の日本化」から近・現代の折々の流行思想に至るまで、「外来思想の日本化」といった従来論じられてきたテーマと同様に、「日本化」されたものは本来のものとは別物である、あるいは本来のものは日本人の現実生活の変革に何ら関わっていないという可能性も否定し得ないからである。本章は別物であるかどうかのこの重要な課題をしばらく措くことにして、人権の日本的特徴と思われるものをひとまず確定し評価してみようと試みたものに過ぎない。

（1）佐々木允臣『自律的社会と人権』文理閣、一九九八年、三一、四〇ページ。
（2）『ジュリスト』一一六七号、一九九七年、三九ページ。
（3）同前、四〇ページ。
（4）樋口陽一『憲法』創文社、一九九二年、一八七－一八八ページ。

（5）『人権侵犯事件調査処理規程』、第一七条。因みに六月一日の「人権擁護委員の日」には政府広報として「守られていますか？　あなたの人権。―一人で悩まず気軽にご相談を―」と法務省が各新聞で呼びかけている。
（6）朝日新聞、二〇〇四年二月二三日付、島根県版。
（7）『リヴァイアサン』（一）水田洋訳、岩波文庫、一九六四年、二〇二ページ。
（8）朝日新聞、二〇〇五年四月三〇日、五月一日付、連載記事「統制の足音」より。
（9）加藤周一「日本文化の雑種性」『加藤周一セレクション五』平凡社、一九九九年、六三ページ。
（10）加藤周一「自由と・または・平等」同前書、三四二―三四三ページ。
（11）加藤周一「日本社会・文化の基本的特徴」同前書、一五ページ。
（12）河合隼雄『母性社会日本の病理』講談社＋α文庫、一九九七年、七七ページ。
（13）同前書、八〇―八一ページ。周知のように、同じように「母性的」という視点から日本人の宗教心理を分析し、それを小説で問題化した作家に遠藤周作がいる。少し長い引用になるが、彼の問題意識を見ておこう。「私の考えている宗教というものには、二つの種類がある。それはエリック・フロムの言葉を借りれば、一つは父の宗教であり、一つは母の宗教である。父の宗教というのは、神が人間にとっておそるべきものであり、またその神が人間の悪を裁き、罰し、怒るような神である。母の宗教というのはそうではなくて、ちょうど母親ができの悪い子どもに対してでもそうであるように、神がそれをゆるし神が人間と一緒に苦しむような宗教である。いわば『歎異抄』にいう善人も救われるなら、まして悪人も救われるというような、ゆるす宗教である。私は自分の中に長い間、距離を感じていたキリスト教が、実は父の宗教の面をヨーロッパの中で強調されすぎていたために、私にとって縁が遠く、キリスト教のもっているもう一つの母の宗教の面を切支丹時代の宣教師からこんにちに至るまで、あまりに軽視してきたために、われわれ日本人に縁遠かったのではないかと思うようになった。……私は『沈黙』を書くことによって、自分とキリスト教との距離感の一たんをうずめたような気がした。つまりそれは父の宗教から、母の宗教への転換ということであり、私の主人公が心の中でもっていた父の宗教のキリストが母の宗教のキリストに変わっていくというテーマである」（遠藤周作『切支丹時代』、小学館ライブラリー、二四一－二四二ページ）。ただし、『沈黙』は日本のカトリックの側からの「凄まじい反発の渦」を巻き起こし、一部の教会では禁書リストに載せられたという（遠藤順子『夫・遠藤周作を語る』文春文庫、二〇〇〇年、一二八－一三〇ページ）。

(14) アリストテレス『ニコマコス倫理学』（上）高田三郎訳、岩波文庫、一九七一年、一七八－一八一ページ。

(15) 小林信彦『物情騒然。』文春文庫、二〇〇五年、六九ページ。「日本人の生活水準が上がったなんて、かなり錯覚に近いものがあるようだ。フランスパンと雑炊が代わっただけで、〈とにかく、ならぶ〉という習性は変わっていない。敗戦前後に、とりあえずならんでから、前の人に（これ、何の行列でしょうか？）とたずねる人が多かったという笑い話があったが、付和雷同は国民性だろうか」（六九－七〇ページ）。

(16) 資本主義対資本主義の対立軸について、福島清彦『ヨーロッパ型資本主義』講談社現代新書、二〇〇二年参照。

(17) 政府は経済財政運営の基本方針「骨太の方針二〇〇五」で「小さくて効率的な政府」と初めて明記したという。朝日新聞、二〇〇五年六月二二日付。

（18）A. Supiot, Lier l'humanité: du bon usage des droits de l'homme, in "Esprit", Fevrier 2005, pp.134-162. このエスプリ論文と内容がかなり重複している邦訳論文として「人権――信（credo）か、人類共有の資源か？」がある（『思想』嘉戸一将訳、二〇〇三年七月号、一一八－一四二ページ）。
（19）高橋和之「現代人権論の基本構造」『ジュリスト』一二八八号、二〇〇五年、一一〇－一二六ページ。
（20）加藤周一、同前書、五六ページ。
（21）同、四五ページ。
（22）渡辺一夫『白日夢』講談社文芸文庫、一九九〇年、初出一九七三年、六八ページ。
（23）同前、六六ページ。
（24）C. Castoriadis, Quelle démocratie?, in "Fugures du pensabule", Seuil, 1999, p.150. もっとも、人権は権力の自己制限の結果であるということは、換言すれば自己制限の結果に過ぎないという含意がある。本稿では直接触れなかったが、副題とした「自律的社会」とはカストリアーディス的な意味では権力への万人の平等な参加による自律を実現する社会であって、人権による自律は主として私的領域に関わる第二次的な意義しか持ち得ない消極的・防御的なレベルに止まるものである（前掲拙著『自律的社会と人権』一四六－一四九ページ参照）。なお、この点を含めてカストリアーディスについて最近の概論書として次のものが参考になろう。G. David, Cornelius Castoriadis-Le projet d'autonomie-, Editions Michalon, 2000.
（25）伝統的に自由が最優先されてきたフランスにおいても、二〇〇一年の日常の安全に関する法・二〇〇三年の国内の安全に関する法などの制定によって安全の方が優先されるようになっているという。Cf. D. Lochak, Les Droits de l'homme, La Decouverts, 2005. なお、「必要な規制や連帯」を通じての自由と平等の両立について、西谷敏『規制が支える自己決定』（法律文化社、二〇〇四年）が参考になる。

（26）『アメリカの民主政治』（下）井伊玄太郎訳、講談社学術文庫、一九八八年、五二二、五二九ページ。

（27）Cf. H. Politier, "Passion du politique-La pensee de Claude Lefortl", Labor et fides, 1998, pp.231-243.

（28）国旗・国歌の法制化に関してかって筆者は次のように書いたことがある。蛇足かもしれないが、ここに付け加えておきたい。「民主主義社会は社会的結びつきの消滅におののいて、社会は自己保存のみによって動かされる原子論的な個人の粉くずかその集団のままに放って置かれるように見え、文字どおり社会の解体であるかのような様相を呈する。そこで、分割や敵対的対立を免れた調和のある一つの社会という夢想を各人の感情の中に引き起こし、より上位の集団の下に社会的結びつきを再形成するために祖国・国民・人民・文明・民族といった像が神聖さを帯びて帰依の対象として呼び出されてくる。そして、これに同調しない者は国民の敵・異端者・非国民として排除の対象になる。民主主義は対立物である全体主義に転移するというパラドックスが生じる。国旗・国歌によって目指されているものはこの一つのものへの志向ではないのか」（島根大学編『島大通信』三六号、二〇〇〇年）。

（29）カストリアーディスは歴史の断絶という意味を含む程度の制度の問題化は、古代ギリシャと中世末からのヨーロッパにおいてしか起こらなかった、ことを繰り返し強調している。Cf. C. Castoriadis, "De l'écologie à l'autonomie, SEUIL, 1981, pp.102-103. L'institution premier de la société et institution secondes in "Fugures du pensable", Seuil, 1998, p.117.

（30）渡辺一夫、前掲書、六九ページ。

（付記　「島大法学」第四九巻第四号に掲載、二〇〇六年）

あとがき

本書は定年退職後に主として「島大法学」に発表した幾つかの論文のうちから二本を選び、新たに一本を書き下ろしたものから構成されている。在職中は捨てるのに困るほど各種の情報誌が手元に届き、それらを見るだけで専門ないし関連領域の研究動向がそれなりに分かった気でいた。ところが、退職した途端に情報は途切れ、専ら新聞の広告や書評欄あるいは取り寄せた洋書類の参考文献一覧や〈注〉くらいしか情報源はなく、情報過疎に陥ってしまった。それでそろそろ筆を擱く頃との思いに至り、比較的新しい資料を取り込んだ論文に絞って一冊に纏めた次第（漏れた論文からも一部分本文や注その他の箇所に挿入しており、そのため重複が多々あることをお詫びします）。

書物で筆者の蒙を啓いてくださった先生方は今も健筆を振るっておられ、いつも次作を楽しみにしつつ老後を暮らしていますが、謦咳に接してきた先生方や諸先輩の多くはもうお目に掛かることはかなわず、このような拙著を押し付けることも不可能になったのが残念でなりません。無神論者であっても神仏の慈悲で座る場所を与えられ、魂の交流もあり得るとすれば、こんな幸せはありません。そんな儚い希望を勝手に抱きつつ「力には力を」といった不穏な世情を危惧しながら生きながらえている昨今です。

それにしても軍事大国への更なる従属とナショナリズムとはそもそもミクス可能なのでしょうか。実は従属は見せかけで、いつの日にか牙をむいてリベンジするのが「戦後レジームからの脱却」の本音なのでしょうか。「一度目は悲劇、二度目は喜劇」という名フレーズがありますが、そんな喜劇の幕が粛々と上がらないことを祈念しつつ駄文を終わりにします。

佐々木允臣

二〇一六年三月

著者紹介

佐々木允臣（ささき のぶおみ）

1942年　広島市に生まれる
1966年　同志社大学大学院法学研究科修士課程修了
現　在　島根大学名誉教授
専　攻　法哲学
主　著　『人権の創出』（1990年　文理閣）
　　　　『自律的社会と人権』（1998年　文理閣）
　　　　『もう一つの人権論〈増補新版〉』（2001年　信山社）

人権への視座
　　――フランスにおける「人権と政治」論争と日本の行方――

2016年5月15日　第1刷発行

著　者　　佐々木允臣

発行者　　黒川美富子

発行所　　図書出版　文理閣
　　　　　京都市下京区七条河原町西南角　〒600-8146
　　　　　TEL（075）351-7553　FAX（075）351-7560
　　　　　http://www.bunrikaku.com

印刷所　　モリモト印刷株式会社

ISBN978-4-89259-788-6